**Mensch – Natur – Technik**
Beiträge aus christlicher Perspektive

Herausgegeben von Ralf Geisler,
Renate Knüppel und Gerhard Wegner

**Band 6**

**Mensch – Natur – Technik**
Beiträge aus christlicher Perspektive

Herausgegeben von Ralf Geisler,
Renate Knüppel und Gerhard Wegner

**Band 6**

**Mensch – Natur – Technik**
Beiträge aus christlicher Perspektive

Herausgegeben von Ralf Geisler,
Renate Knüppel und Gerhard Wegner

**Band 6**

Walther Ch. Zimmerli (Hg.)

# Ethik in der Praxis

## Wege zur Realisierung einer Technikethik

LVH

Die Deutsche Bibliothek – CIP-Einheitsaufnahme

**Ethik in der Praxis**
Wege zur Realisierung einer Technikethik/Walther Ch. Zimmerli (Hrsg.) –
Hannover: Luth. Verl.-Haus, 1998
(Mensch – Natur – Technik; Bd. 6)
ISBN 3-7859-0755-9


Gestaltung/Layout: INFO Design, Hannover
Gesamtherstellung: Missionshandlung Hermannsburg
ISBN 3-7859-0755-9

# Vorwort

Ethik – daran kann kein Zweifel sein – befindet sich gegenwärtig zugleich im Aufwind und im Umbruch: Den immer drängenderen Anforderungen, die an sie gerichtet werden, kann sie nur durch eine grundsätzliche Veränderung ihres bisherigen Charakters entsprechen. Das wird besonders deutlich dort, wo es um den Bereich der professionellen Ethik in dem unsere Gegenwart vordringlich dominierenden Gebiet von Wissenschaft und Technik geht. Das Bedürfnis der Ingenieurinnen und Ingenieure, sich eine Kompetenz zur Bewältigung ihrer moralischen Verantwortung zu erwerben, wird von seiten der philosophisch-sozialwissenschaftlichen Ethik nur zögerlich erkannt und beantwortet. Gewiß, es gibt allerhand verschiedene Ansätze, aber weit verstreut und zuweilen nur schwer zugänglich.

Das hat die Ingenieurkammer Niedersachsen zusammen mit der Ingenieur-Akademie Nord bewogen, in den Jahren 1993 bis 1996 ein Forschungsprojekt zum Thema „Ethische Orientierung und Verantwortung in der Technikbildung" durchzuführen. Einen geistig verwandten Förderer und Kooperationspartner fanden sie dabei in der Hanns-Lilje-Stiftung. Um die wissenschaftliche Seriosität des Projekts zu wahren, beriefen Projektträger und Förderer gemeinsam einen wissenschaftlichen Beirat, bestehend aus Norbert Büttner (Siemens AG), Sigurd M. Daecke (RWTH Aachen), Erhard Ratz (Ev.-Lutherische Landeskirche Bayern), Eva Senghaas-Knobloch (Universität Bremen), Hans Weinerth, zuweilen vertreten durch Stephan Meiser (beide SICAN GmbH) sowie mir selbst (damals noch Universität Bamberg/Universität Erlangen-Nürnberg) als Vorsitzendem. Der Förderer wurde repräsentiert durch Gerhard Wegner, der Träger durch Werner Meihorst, Gerhard Drachau und Elke Rasche. Als wissenschaftliche Mitarbeiterin konnte Kornelia Werthebach, als wissenschaftlicher Mitarbeiter Frank Vogelsang gewonnen werden.

Das Projekt wurde von allem Anfang an bewußt als *Diskurs*projekt angelegt, um der Tatsache Rechnung zu tragen, daß die Ethik aus ihrer semantischen und syntaktischen in ihre *pragmatische* Phase eingetreten ist (s. u. S. 21 ff.), soll heißen: daß sie sich in stärkerem Maße als zuvor um ihre eigene Realisierung und Durchsetzung kümmert. Dabei wurde besonderes Gewicht auf die Frage der Ethik*bildung* gelegt. Daraus ergab sich eine Reihe von Diskursen, die über ein Sachthema („Abfallbewirtschaftung") geführt wurden, wobei es darum ging, nicht die expliziten Ethikdeklamationen, sondern die impliziten Wertungen sichtbar zu machen, die die scheinbar rein technischen Erörterungen bestimmen. So gelang es, im gleichen eine Bewußtmachung dieser impliziten Wertungen zu erreichen und ein neues Instrument, den moderierten Sachdiskurs mit begleitender Werteanalyse, zu erproben.

Der vorliegende Band bettet die Ergebnisse dieses Diskurses in die Diskussionslandschaft sowie in weitere Schwerpunkte und Verfahren der Technik- und Ingenieurethik ein. Im Zentrum stehen die Berichte über das Diskursprojekt der Ingenieurkammer Niedersachsen und der Ingenieurkammer Nord. Der Beitrag von *Frank Vogelsang* diskutiert die diskurstheoretischen Hintergründe und Annahmen, um so den Ort des Diskursprojekts zwischen vergleichbaren, aber doch erkennbar anders gearteten Unterfangen genauer zu bestimmen. Der Projektüberblick von *Kornelia Werthebach* skizziert die leitende Fragestellung, das Projektdesign sowie den Diskursverlauf und faßt die Ergebnisse sowohl bezüglich der einzelnen Diskursphasen als auch diskursübergreifend zusammen. Gemeinsam ziehen *Frank Vogelsang* und *Kornelia Werthebach* sodann ein kritisches Fazit aus dem Hannoveraner Diskursprojekt: Das gewählte Verfahren sei verbesserungsfähig, bewähre sich aber als exploratives Konzept und könne nach Auffassung der Autorin und des Autors in modifizierter Form durchaus auch eine Anwendung in einzelnen Unternehmen finden.

Mein eigener einführender Text umreißt den Entwicklungsgang der philosophischen Ethik von der fruchtlosen Antithese ‚gesinnungs- versus verantwortungsethische Betrachtung' bis zu ihrer pragmatischen Wende. Der Beitrag von *Eva Senghaas-Knobloch* beleuchtet, gestützt auf andere empirische Forschungsvorhaben, komplementär dazu die eindrucksvolle Entwicklung des Verantwortungsbewußtseins bei Ingenieurinnen und Ingenieuren als gelingende oder scheiternde Integration technischer und sozialer Kompetenzen und stellt Vergleiche mit dem hier thematischen Diskursprojekt an.

Den dritten Teil des vorliegenden Bandes bilden Beiträge, die das weitere Umfeld thematisieren, in dem das Hannoveraner Diskursprojekt zu sehen ist. *Erhard Ratz* berichtet aus seinen Dialogerfahrungen als Beauftragter für Technik und Naturwissenschaft der Synode der Evangelisch-Lutherischen Landeskirche in Bayern, analysiert diese Erfahrungen und unterscheidet Elemente des Dialogs, um daraus Hypothesen über zukünftige Wege zu gewinnen. *Gerhard Wegner* erweitert das Spektrum um die Facette der Leitbilddebatte und zeigt so einen Weg zur Weiterentwicklung der Diskursverfahren nicht zuletzt für präreflexiv wirksame Elemente normativer Orientierung auf, an die sich auch theologische Fragen und Visualisierungen (EXPO) anschließen lassen. *Werner Meihorst* schließlich rundet den Band mit einer Bestandsaufnahme der Anforderungen an den Ingenieur im Beruf, der unterschiedlichen Kodifizierungsbemühungen einer professionellen Ingenieurethik sowie einem Plädoyer für einen Ingenieureid analog zum hippokratischen Eid in der Medizin ab.

Daß Menschen, obwohl sie in einer pluralistischen Gesellschaft leben und um die Relativität der Wertungen (einschließlich ihrer eigenen) wissen, dennoch bereit sind, nicht nur Verantwortung zu übernehmen, sondern auch, sich durch selbstauferlegte Pflichten in ihrem Handeln zu binden, ist ein eindrucksvolles Zeichen von Humanität. Kein Geringerer als der Philosoph Richard Rorty greift zustimmend auf Isaiah Berlin zurück: „Berlin zitierte am Ende seines Essays Joseph Schumpeters Satz: ‚Einzusehen, daß die Geltung der eigenen Überzeugungen nur relativ ist, und dennoch unerschrocken für sie einzustehen, unterscheidet den zivilisierten Menschen vom Barbaren.' Berlins Kommentar: ‚Mehr als das zu verlangen ist vielleicht ein tiefes, unheilbares metaphysisches Bedürfnis; wenn man aber zuläßt, daß dieses Bedürfnis das Handeln bestimmt, so ist das ein Symptom für ebenso tiefe und gefährlichere moralische und politische Unreife'"[1]

Der vorliegende Band ist als ein Beitrag dazu gedacht, die Suche nach zivilisierten Wegen zu unterstützen, auf denen Menschen – Ingenieurinnen und Ingenieure ebenso wie Laien – sich durch selbstauferlegte Pflichten in ihrem eigenen Handeln binden, auch wenn sie um die Relativität der eigenen Überzeugungen nur allzu gut wissen.

Zum Schluß bleibt noch die angenehme Pflicht, Frau Dr. Bettina Kratz vom Lutherischen Verlagshaus und Herrn Joachim Landkammer vom Institut für Philosophie der Philipps-Universität Marburg, der auch das Personenregister erstellt hat, für alles zu danken, was sie zum Gelingen dieses Bandes beigetragen haben.

Zwischen Braunschweig, Marburg und Palus
im August 1997

Walther Ch. Zimmerli

[1] R. Rorty, Kontingenz, Ironie und Solidarität, Frankfurt/Main 1989, 87 (leicht geänderte Übers.)

# I.
# Ethische und technische Hintergründe

Walther Ch. Zimmerli

# Ethik in der Technik – überfällig oder überflüssig?

Die Frage nach der Technikethik in der im Titel genannten Weise exponieren heißt zugleich, sie beantworten: Ethik in der Technik, wie sie zumeist betrieben wird, ist überflüssig; was dagegen überfällig ist, ist ein Paradigmenwechsel; und den erleben wir zur Zeit gerade.[1]

Nun muß zugegeben werden, daß diese Formulierung etwas allzu knapp ist. Daher werde ich versuchen, sie in drei Schritten zu erläutern: Zunächst soll es um die „alten Ethik-Hüte“ gehen (1), genauer: um die Verwechslung von Moral und Ethik (1.1), um die Gegenüberstellung von ‚deutscher‘ und ‚angelsächsischer Krankheit‘ (1.2) sowie von Sonntagsreden und Alltagshandeln (1.3). In einem zweiten Schritt möchte ich zeigen, woher der „frische Ethik-Wind“ weht, der den behaupteten Paradigmenwechsel verursacht (2). Dabei möchte ich aufweisen, inwiefern die Annahme, daß Ethik durch Politik, Recht und Wirtschaft überflüssig gemacht werde, irreführend ist (2.1) und inwiefern die Sonntagsreden-Ethik durch die Alltagswendung in der Ethik gerettet werden könnte (2.2). Das wird mir dann erlauben, eine Skizze der prozeduralen hermeneutischen Ethik unter Pluralismusbedingungen vorzuführen (2.3). Im dritten Schritt soll der Übergang von der Theorie zur Praxis oder, wie wir vielleicht besser sagen können, zur Pragmatik nochvollzogen werden (3). Dabei wird es zunächst einmal um eine kritische Absetzung der Diskurspraxis von der Diskurstheorie gehen (3.1), sodann um die Diskussion eines möglichen Instruments der Diskurspragmatik, nämlich der sogenannten ‚Konsensus-Konferenzen‘, in Gegenüberstellung zum konstitutiven Begriff des Dissenses (3.2), was schließlich – in einer Art Reverenz an die Theologie – zur Diskussion des „Sitzes im Leben“ der diskurspragmatischen Ethik überleiten wird (3.3).

1 Vgl. H. Lenk/G. Ropohl (Hg.), Technik und Ethik, 2., rev. und erw. Aufl. Stuttgart 1993; H. Lenk (Hg.), Technik und Ethik, Stuttgart 1987; H. Lenk/M. Maring (Hg.), Technikverantwortung. Güterabwägung, Risikobewertung, Verhaltenskodizes, Frankfurt/Main u. New York 1991; Fr. Rapp (Hg.), Neue Ethik der Technik? Philosophische Kontroversen, Wiesbaden 1993; H. Hastedt, Aufklärung und Technik: Grundprobleme einer Ethik der Technik, Frankfurt/Main 1991; G. Ropohl, Ethik und Technikbewertung, Frankfurt/Main 1996; Chr. Hubig, Technik- und Wissenschaftsethik: ein Leitfaden, Berlin u. a. 1993; W.Ch. Zimmerli, Technologie als ‚Kultur‘. Braunschweiger Texte, Hildesheim 1997; ders., „Philosophische Probleme der Technologien: Technikfolgenabschätzung und Ethik“, in: Der Einfluß der neuen Technologien auf das Weltbild. Les nouvelles technologies. Journée de réflexion (hrsg. von der Schweizerischen Akademie der Technischen Wissenschaften), Heft 27 (1996), 53–65.

## 1. Alte Ethik-Hüte

Niemand wird bezweifeln, daß Ethik, und zumal Technikethik, in den letzten zwanzig Jahren einen ungeheuren konjunkturellen Schub erlebt hat. Ethik ist wieder einmal – wie schon so oft – zu einem Kernbestand nicht nur der fachphilosophischen Seminare, sondern auch der Außenwirkung der Philosophie überhaupt geworden.[2] Daß heute, wer in Sachen Technik oder Wissenschaft überhaupt etwas bewirken will, nicht zuletzt die ethische Verträglichkeit nachweisen muß, ist fraglos nicht unbedingt nur gut. Aber es zeigt, daß wir eigentlich am Ethik-Thema heute nicht mehr vorbeikönnen. Der Grund ist einfach und liegt darin, daß – nicht zuletzt durch die Unterstützung der sich dynamisch entwickelnden Neuen Technologien – deutlicher geworden ist, daß das, was Hans Jonas die wissenschaftsinterne „Unschuld" des Experiments[3] genannt hat, verloren ist. Tendenziell sind alle Wissenschaften, wenn auch in unterschiedlichem Maße, technologisch, oder sie sind jedenfalls im Begriffe, es zu werden.[4] Aufgrund dieser Tatsache ist es evident, daß der reine Rückzug auf die Behauptung, etwas sei ethikneutral, weil es zur Grundlagenforschung gehöre, nicht mehr ausreichend, selbst wenn er zutreffen sollte. Daß dies aber so ist, ist ein Indiz für die hohe Ethikkonjunktur, die ich also einfach als Faktum voraussetzen darf.

Was eigentlich hindert uns nun daran, angesichts der hohen Konjunktur, gleichsam der Ethik-Welle, auf der wir schwimmen, auch wirklich in unserem Handeln etwas zu verändern? Denn ganz offenkundig ist es so, daß die Zunahme des Redens über Moral nicht zwingend gekoppelt ist mit einer Zunahme an Moralität des Handelns. Was also hindert uns? Zunächst gilt es, einige Hindernisse zu beseitigen, die man als ‚alte Hüte der Ethik' bezeichnen könnte.

[2] Vgl. H. Hastedt/E. Martens (Hg.), Ethik: ein Grundkurs, Reinbek bei Hamburg 1994; St. Hauerwas/A. MacIntyre, Revisions: changing perspectives in moral philosophy, Notre Dame u. a. 1983.

[3] Vgl. H. Jonas, „Freiheit der Forschung und öffentliches Wohl", in: ders., Technik, Medizin und Ethik. Zur Praxis des Prinzips Verantwortung, Frankfurt/Main 1987, 90–108, wo es auf S. 98f. heißt: „Von jeher und auf immer unterliegt alles Handeln rechtlichen und sittlichen Beschränkungen. Zwar sicherten anfangs noch zwei Eigenschaften des Experimentierens die ‚Unschuld' dieser wissenschaftsinternen Aktivität: sie richtete sich auf leblose Materie und sie hielt sich im Kleinmaßstab. [...] Beide Garantien der Harmlosigkeit – und damit der Freiheit – im Experimentieren sind jedoch mit gewissen neueren Entwicklungen der Wissenschaftstechnik hinfällig geworden. Heutzutage können Experimente weniger harmlos und in der Tat sogar zweideutig hinsichtlich ihres bloßen Experimentalcharakters sein"; vgl. auch D. Böhler (Hg.), Ethik für die Zukunft. Im Diskurs mit Hans Jonas, München 1994.

[4] Vgl. W. Ch. Zimmerli, Technologie als ‚Kultur'. Braunschweiger Texte, Hildesheim 1997, v. a. 13–27.

## *1 Die Verwechslung von Moral und Ethik*

Da wäre zunächst einmal der alte Hut der Verwechslung von Moral und Ethik. Dieser hat heutzutage seriöse und weniger seriöse Varianten. Eine seriöse Variante, die in Form eines ernsten Bedenkens formuliert werden kann, ist die Moralisierungsvariante. In der Tat ist es so, daß häufig die Moralisierung rein praktischer, technischer oder zweckrationaler Bezüge dazu führt, auch noch diese selbst zu verhindern oder, um es knapp auszudrücken: Es gibt nichts Schlimmeres als wohlmeinende Leute, die aus falsch verstandener Moralität alles falsch machen. Es sei aus Gründen der Höflichkeit und Klugheit nicht auf gegenwärtige und aktuelle Beispiele zurückgegriffen, sondern nur daran erinnert, daß die Vereinigten Staaten auch schon Präsidenten hatten, die Moralisten waren und daß dies nicht unbedingt immer die besten Präsidenten waren. Dieselben Personen allerdings sind in anderen Kontexten, etwa dort, wo wir Moralisten noch brauchen, nämlich wo es z. B. darum geht, Friedensgespräche zu führen, exzellente Repräsentanten ihres Landes. Moralisten an der falschen Stelle sind also schlimmer als Amoralisten. Die Verwechslung von Moral und Ethik, die unter ‚Ethik' bloßes Moralisieren versteht, ist in der Tat eine Gefahr, vor der man sich zu hüten hat.

Völlig falsch hingegen wäre es, daraus den Schluß zu ziehen, man brauche deswegen, wo zweckrationale Handlungsbezüge anstehen, also im technischen Handeln z. B., keine Ethik mehr. Wir brauchen kein Moralisieren, aber wir brauchen Ethik. Denn unter ‚Ethik' versteht man eben gerade nicht das Moralisieren, sondern die Begründung von Moral, aber nicht allein um der Begründung willen, sondern zum Zwecke ihrer Realisierung (und damit ist bereits auf die heute fällige pragmatische Wendung der Ethik hingewiesen). Stärker als früher interessiert uns also nicht mehr allein, welche Maximen verallgemeinerbar und welche moralischen Prinzipien daher die richtigen sind, sondern die Antwort auf die Frage, was uns daran hindert, die als richtig eingesehenen moralischen Prinzipien auch zu realisieren, und welche Möglichkeiten es gibt, ein Handeln nach den moralisch als richtig eingesehen Prinzipien zu befördern.

## *2 Die ‚deutsche' und ‚angelsächsische Krankheit'*

Einen weiteren Hinderungsgrund bezeichne ich mit den Ausdrücken ‚deutsche' und ‚angelsächsische Krankheit'.[5] Geben wir es zu: So stark wir auch kognitiv dagegen ankämpfen mögen, irgendwo sind wir alle kantische Pflichtethiker,

[5] Vgl. W. Ch. Zimmerli, „Die deutsche Krankheit: Über den vermeintlichen Konflikt zwischen Ökologie, Ökonomie und Ethik", in: Studenteninitiative Wirtschaft & Umwelt e.V. (Hg.), Earth Summit '92. Perspektiven für eine neue Weltordnung (Münster 1993), 207–209

anders: Geprägt durch unsere deutsche Kultur sind wir alle Gesinnungsmoralisten. Das äußert sich etwa darin, daß wir im Regelfalle ökonomisch erfolgreichen Aktionen schon deswegen moralisch mißtrauen, weil sie ökonomisch erfolgreich sind. Moralische Anständigkeit – so will uns beinah zwanghaft scheinen – kann nicht mit ökonomisch erfolgreichem Handeln konvergieren, so daß wir – Hand aufs Herz –, selbst wenn einige von uns ökonomisch erfolgreich sein sollten, im Hinterkopf stets denken, daß ökonomisch erfolgreich sein nur kann, wer die Moral verabschiedet und, daß, wer moralisch handelt, ökonomisch erfolglos sein muß. Die Evangelischen Akademien, die nicht zuletzt an der Verbreitung dieses Vorurteils mitgewirkt haben, sind allerdings keineswegs die einzigen Orte, an denen es wirkt. Allgemein gesprochen, halte ich dieses Vorurteil für eine ‚deutsche Krankheit'.

Nur langsam lernen wir wieder, daß Ökonomie selbst etwas ist, was auch moralrelevant sein kann. Wir erinnern uns wieder daran, daß die Ökonomie der Marktwirtschaft ja schließlich von Moralphilosophen erfunden worden ist. Unsere liberale Ökonomie, die sogenannte „ökonomische Klassik", wurde entwickelt von Professoren, die auf Lehrstühlen für Moralphilosophie saßen.[6] Das umgekehrte Vorurteil dagegen, die ‚angelsächsische Krankheit', in Schottland, England und den USA weit verbreitet, die von einer Art von Konvergenz von ökonomischem Erfolg und Moralität ausgeht, ist selbstverständlich ebenfalls irreführend. Der ganze Utilitarismus wäre nämlich unbegreiflich, wenn nicht klar gemacht werden könnte, warum Nutzen für andere zu erwirtschaften, etwas moralisch Positives sein soll.

Zum Glück gibt es ein gutes Beispiel der Verbindung beider Schwächen zu einer Stärke, und dieses Beispiel ist Hans Jonas, der mit der Wendung von der Gesinnungs- zur Verantwortungsethik, um mit Max Weber zu sprechen[7], erfolgreich versucht hat, die Folgenreflexion als moralisch nicht nur zulässig, sondern notwendig in die deutsche Ethik einzuführen. Für Kant wäre jedes Bedenken

[6] Vgl. z.B. A. Smith, The Theory of Moral Sentiments (1759), Indianapolis 1984; ders., An Inquiry into the nature and causes of the Wealth of Nations (1776), Indianapolis 1982; J. Bentham, Deontology together with A table of the springs of action and the article on utilitarianism (1834), Oxford 1992; ders., Introduction to the Principles of Morals and Legislations (1789), London u.a. 1982; J. S. Mill, Principles of political economy: with some of their applications to social philosophy (1848), Oxford u. a. 1994; vgl. hierzu D. Birnbacher, Der Utilitarismus und die Ökonomie, in: B. Biervert/K. Held/J. Wieland (Hg.), Sozialphilosophische Grundlagen ökonomischen Handelns, Frankfurt/Main 1992, 65–85; ders., Neue Entwicklungen des Utilitarismus, in: B. Biervert/M. Held (Hg.), Ethische Grundlagen der ökonomischen Theorie. Eigentum, Verträge, Institutionen, Frankfurt u. a. 1989, 15–36 (bes. 34, Fn. 2).

[7] Vgl. M. Weber, Politik als Beruf (1919), in: ders., Wissenschaft als Beruf. Politik als Beruf, Max-Weber-Gesamtausgabe Bd. 17, hg. v. W.J. Mommsen u. W. Schluchter, Tübingen 1992, 237ff.

möglicher Folgen eine Abweichung vom Pfad der Tugend gewesen. Hans Jonas hat dagegen gezeigt, daß moralisch handeln in Wahrheit immer heißt, die Folgen berücksichtigen[8] – und das kann nur bedeuten: auch die ökonomischen!

Wer moralisch handelt – so kann man also kurz zusammenfassen –, muß deswegen nicht schon ein ökonomischer Versager sein, und wer ökonomischen Erfolg hat, muß nicht allein deswegen schon unmoralisch sein. Jetzt, da wir das langsam lernen, können wir uns mit den ethischen Problemen der Technik, die allesamt in Kontexte der Zweckrationalität und des ökonomischen Nutzens eingebettet sind, besser auseinandersetzen.

## 3 *Sonntagsreden und Alltagshandeln*

Kommen wir zu den berühmt-berüchtigten Sonntagsreden. Die Sonntagsreden haben sich verändert, wie jeder gemerkt hat, und damit meine ich nicht die professionellen Sonntagsreden, die theologischen Predigten also, sondern die Sonntagsreden, die im Alltag gehalten werden, die Sonntagsreden, mit denen Kongresse eröffnet und beschlossen werden, die Sonntagsreden, die im Gefolge unseres Dezimalfetischismus anläßlich runder Geburtstage gehalten werden. Ich rede von solchen Reden, wie sie immer wieder zu erbaulichen Zwecken vorgetragen werden, die auf ihre Weise unabdingbar und zugleich ein interessantes Untersuchungsobjekt sind. Nimmt man sie nämlich genauer unter die Lupe, so stellt man fest, daß eben die Veränderung, die ich gerade geschildert habe, sich auch darin spiegelt. Mit anderen Worten: Die Sonntagsreden des Pflichttyps werden von Sonntagsreden des Verantwortungstyps abgelöst, aber es bleiben eben doch Sonntagsreden, und „Das Prinzip Verantwortung" von Hans Jonas wird zu einem großen Teil dazu mißbraucht, um – horribile dictu – für Sonntagsreden herhalten zu müssen. Dafür spricht im übrigen leider auch, daß Hans Jonas einer der meistgelesenen Autoren nicht etwa in philosophischen Seminaren, sondern in den Vorstandsetagen der Unternehmen ist. Auch dort werden nämlich ziemlich oft Sonntagsreden gehalten.

Pointiert formuliert: Eines der Haupthindernisse der Umsetzung der konjunkturell so blühenden Ethik in eine ähnlich konjunkturell blühende Praxis des moralisch richtigen Handelns sind eben die Sonntagsreden, die über die Ethik gehalten werden. Diese Sonntagsreden stehen oft im Widerspruch zum Alltagshandeln. Und dieser Widerspruch zum Alltagshandeln hat seinerseits eine Struktur, die uns erlaubt zu sagen, warum Sonntagsreden, obwohl manchmal funktional notwendig, in sich jedenfalls nicht ethisch begründbar sind. Ich sage nicht, sie seien unmoralisch; ich sage nur, sie seien nicht ethisch begründbar. Der Grund dafür ist, daß Sonntagsreden gegen das Realisierungsgebot verstoßen. Schärfer noch: Sonn-

[8] Vgl. H. Jonas, Das Prinzip Verantwortung, Frankfurt/M. 1979.

tagsreden über die Ethik verstoßen gegen die Realisierungs*pflicht*. Ethikfreies Alltagshandeln dagegen verstößt gegen die Begründungspflicht, und Ethik ist eben die Begründung moralischer Normen zum Zwecke ihrer Realisierung. Also weder wer Sonntagsreden hält, noch wer sich praktisch durchwurschtelt, kann Anspruch darauf erheben, sein Handeln auf irgendeine Weise mit Ethik in Verbindung zu bringen.

Damit sind wir selbstverständlich noch längst nicht am Ende der Hindernisse; es gibt davon noch sehr viele ganz anderer Art. Ich will nicht verschweigen, daß sich einige dieser Hindernisse auch in den Medien finden, die ihrerseits durch Überbetonung eines Themas dieses zu entschärfen vermögen; wir wissen, wie leicht dann Übersättigungseffekte eintreten.

## 2. Frischer Ethik-Wind

Diesen alten Hüten läßt sich der frische neue Wind entgegensetzen, der durch die Ethik weht. Und auch hier sind es wiederum mehrere unterschiedliche Aspekte, die zu unterscheiden und zu berücksichtigen sich lohnt.

### *1 Ethik in Politik, Wirtschaft und Recht*

Ein erster Aspekt dieses neuen ethischen Zugriffs bezieht sich auf das Verhältnis von Ethik zu Politik, Wirtschaft und Recht. Es vergeht kein Tag, an dem nicht, wer in Sachen Ethik unterwegs ist, den Einwand hörte, wir brauchten eigentlich gar keine Ethik, denn das Ethikgeschäft werde uns von Politik, Wirtschaft und Recht abgenommen.[9] Wenn aber eigentlich effektvolles ethisches Denken und moralisches Handeln ohnehin nur in anderer, nämlich in rechtlicher, politischer und wirtschaftlicher Gestalt geschieht, wozu bedarf es dann eigentlich noch einer zusätzlichen Ethik?

[9] Als Beleg dafür, daß diese ebenso weitverbreitete wie irrige Ansicht von Repräsentanten ganz unterschiedlicher Positionen vertreten wird, vgl. N. Luhmann, „Ethik als Reflexionstheorie der Moral", in: ders., Gesellschaftsstruktur und Semantik, Bd. 3, Frankfurt/M. 1993, 358–447; ders., Die Gesellschaft der Gesellschaft, 2. Halbbd., Frankfurt/M. 1997, z. B. 800ff., 1036ff.; H. Baier, „Benötigen wir eine Ethik der Medizin? Der Freiraum des Arztes zwischen Markt, Politik und Recht", in: L. Bress (Hg.), Medizin und Gesellschaft. Ethik, Ökonomie, Ökologie, Berlin 1987, 131–147; W. Becker, „Die Spannung zwischen ethischer und politischer Verantwortung", in: Griechische Humanistische Gesellschaft. Studien und Untersuchungen, Nr. 36, Athen 1985, 244–257; ders., „Der Funktionswandel der Moral. Ist die klassische Ethik zeitgemäß?", in: Wissenschaftsmagazin der J.W. Goethe-Universität Frankfurt/Main, Nr. 2/3, 1985, 42–52; vgl. andererseits U. Beck, z.B. „Die Erfindung des Politischen", Frankfurt/Main 1993, 41f. et passim; „Technologisches Zeitalter und Ethik. Podiumsdiskussion zwischen Hans Jonas, Ulrich Beck und Walther Ch. Zimmerli", in: H.-G. Gadamer/H. Jonas/U. Beck/W. Ch. Zimmerli, Sprache und Ethik im technologischen Zeitalter, Bamberg 1991, 39–64 (bes. 55ff.), wieder abgedruckt in D. Böhler (Hg.), a. a. O., (Anm. 3), 341–363 (bes. 355ff.).

Dazu ist zweierlei anzumerken, und beides führt zu einem neuen Ansatz. Das erste ist der *Swinegel-Hase-Effekt.* Immer wenn irgendwo ein Vorschlag gemacht wird, wie ethische Reflexion sowie die Umsetzung derselben durch Politik, Wirtschaft oder Recht ersetzt werden solle, läßt sich zeigen, daß sich dahinter wieder ethische Probleme verbergen. Mit anderen Worten: Es läßt sich zeigen, daß eine Reduktion von Ethik auf Politik die Ethik nicht loswird, sondern die Ethik einfach in politischer Gestalt wieder auftreten läßt. Man kann genauso zeigen, daß, wenn man Ethik auf wirtschaftliches Handeln reduzieren wollte, also wenn man z. B. sagen wollte, der Marktmechanismus übernehme es, das zu realisieren, was aus den ethischen Prinzipien folge, der Marktmechanismus selbst seine ethischen Probleme aufwirft, also nicht etwa ethik-neutral ist. Und dasselbe gilt natürlich in eminentem Maße für das Recht. Ich erinnere nur daran, daß es keine Phase der ethischen Diskussion um Gentechnik gegeben hat, die intensiver gewesen wäre als die nach dem Inkrafttreten des Gentechnikgesetzes, obwohl alle vorher gesagt hatten: Wenn wir erst das Gentechnikgesetz haben, dann sind wir alle diese ethischen Probleme los, denn dann wissen wir, was wir tun dürfen und was nicht. Nein, gerade seitdem wir das Gentechnikgesetz haben, wissen wir eigentlich erst, wo es noch ethischen Reflexionsbedarf gibt und daß wir keineswegs allein aufgrund dessen, daß etwas nicht verboten ist, schon wissen, ob wir es nun tun sollen oder nicht.

Das ist die eine Seite der Medaille, und die andere spiegelt sich darin, daß innerhalb dieser Bereiche auch überall eigene Ethik-Reflexionskompetenzen aufgebaut werden. In Politik, Wirtschaft und Recht zeigt sich in den letzten zehn Jahren ein steiles Ansteigen der Konjunktur angewandter Ethik. Anders: Jeder Versuch, ethische Fragestellungen durch Politik, Wirtschaft und Recht zu ersetzen oder zu kompensieren, führt schlicht dazu, daß mehr über Ethik nachgedacht werden muß etc.[10]

Wenn dies aber nun so ist, wenn Politik, Wirtschaft und Recht ohnehin in dem Maße, in dem sie ethische Realisierungsaufgaben übernehmen, anfangen, in sich ethische Reflexionskompetenz aufzubauen, dann ließe sich fragen, ob das, was sie in der praktischen Umsetzung zu leisten versuchen, wirklich ausreiche?

[10] Vgl. dazu aus der in den letzten Jahren ausufernde Literatur zur Ethik in Wirtschaft, Politik und Recht: J. Becker (Hg.), Ethik in der Wirtschaft: Chancen verantwortlichen Handelns, Stuttgart u. a. 1996; P. Ulrich, Integrative Wirtschaftsethik. Grundlagen einer lebensdienlichen Ökonomie. Bern u. a. 1997; R. T. DeGeorge, Business Ethics, N. Y., 1995; Th. Donaldson/P. H. Werhane, Ethical Issues in Business: A Philosophical Approach. Englewood Cliffs 1993; L. Sh. Paine, Cases in leadership, ethics, and organizational integrity. A strategic perspective, Chicago u. a. 1997; D.M. Messick (ed), Codes of conduct: Behavioral Research into Business Ethics, N. Y. 1996; R. C. Solomon, Ethics and Excellence: Cooperation and Integrity in Business, N. Y./London 1992; J.W. Weiss, Business Ethics. A Managerial, Stakeholder Approach, Belmont, Ca. 1994; ders., Organiza-

Gewiß, man könnte sagen – und es gibt genügend Stimmen, die das auch tun –: Nun gut, dann lösen wir eben die ethische Reflexion in diese drei Bereiche auf, und dort wird sie dann auch realisiert. Die Erfahrung lehrt aber, daß das nicht der Fall ist. Sie lehrt vielmehr, daß dort, wo die Akteure Politik, Wirtschaft oder Recht ihre Aufgaben bei der Realisierung von Ethik wahrzunehmen versuchen, immer noch der entscheidende Schritt fehlt, d. h. sie können – in kantischer Sprache formuliert[11] – immer nur die *Legalität* der Handlungen dadurch erzwingen, daß sie sie gesetzlich sanktionieren, aber sie können dadurch nicht auch schon deren *Moralität* garantieren, denn nicht alles, was nicht verboten ist, ist moralisch erlaubt, und nicht alles, was erlaubt ist, ist geboten.

Das bedeutet also, daß, wer auch immer ethische Zielsetzungen als die richtigen erkannt und verbreitet hat, überall auf ein Stück Selbstverpflichtung zurückgreifen muß. Selbstverpflichtung aber ist der eigentlich harte Kern der Umsetzung der ethischen Reflexion in die Praxis. Auch das ist nichts Neues, aber es ist eine Erkenntnis, die immer wieder aufs neue wiederholt zu werden verdient. Viele Philosophinnen und Philosophen denken in letzter Zeit verstärkt über moralische Motivation nach.[12] Über moralische Motivation nachzudenken, d. h. sich nicht

tional Behaviour and Change: Managing Diversity, Cross-cultural Dynamics and Ethics, Minneapolis-St. Paul 1996; J. Wieland, Ökonomische Organisation, Allokation und Status, Tübingen 1996. – O. Höffe, Den Staat braucht selbst ein Volk von Teufeln. Philosophische Versuche zur Rechts- und Staatsethik, Stuttgart 1988; ders., Vernunft und Recht. Bausteine zu einem interkulturellen Rechtsdiskurs, Frankfurt/Main 1996; R. Alexy, Recht, Vernunft, Diskurs: Studien zur Rechtsphilosophie, Frankfurt/Main 1995; ders., Begriff und Geltung des Rechts, Freiburg (Breisgau) u. a. 1992; N. Hoerster (Hg.), Recht und Moral: Texte zur Rechtsphilosophie, Stuttgart 1991; R. M. Dworkin (ed.), The philosophy of law, Oxford u. a. 1990. – V. Hösle, Moral und Politik. Grundlagen einer politischen Ethik für das 21. Jahrhundert, München 1997; W. Reese-Schäfer, Grenzgötter der Moral: der neuere europäisch-amerikanische Diskurs zur politischen Ethik Frankfurt/Main 1997; K. Bayertz (Hg.), Politik und Ethik, Stuttgart 1996; E. Tugendhat, Ethik und Politik: Vorträge und Stellungnahmen aus den Jahren 1978–1991, Frankfurt/Main 1992; W. Reese-Schäfer (Hg.), Ethik und Politik: Diskursethik, Gerechtigkeitstheorie und politische Praxis, Marburg 1991.

[11] Vgl. I. Kant, Kritik der praktischen Vernunft, A 127; ders., Die Metaphysik der Sitten, Akad.-Ausg., Bd. VI, Berlin 1914, 219.

[12] Vgl. G. Patzig, „Moralische Motivation", in: ders./D. Birnbacher/W. Ch. Zimmerli, Die Rationalität der Moral, Bamberg 1996, 39–55; vgl. auch L. M. Barreto, Drei kontraktualistische Begründungen der Moral und die Frage nach einer genuinen moralischen Motivation, Berlin 1994 (Diss. Freie Univ.); H. A. Mieg, Verantwortung: moralische Motivation und die Bewältigung sozialer Komplexität, Opladen 1994; G. Nunner-Winkler, „Die Entwicklung moralischer Motivation", in W. Edelstein/G. Nunner-Winkler/G. Noam (Hg.), Moral und Person, Frankfurt/Main 1993, 278–303; dies., „Moralisches Wissen – moralische Motivation", in M.-S. Honig/H. R. Leu/U. Nissen (Hg.), Kinder und Kindheit. Soziokulturelle Muster – sozialisationstheoretische Perspektiven, Weinheim/München 1996, 129–156; U. Wolf, Das Problem des moralischen Sollens, Berlin/New York 1984, 208–224.

mehr nur die Frage zu stellen, welche Prinzipien wie begründbar sind, sondern sich auch die Frage zu stellen, wie man Menschen dazu motivieren kann, sich selbst zu verpflichten, diese Prinzipien zu den ihrigen zu machen *und* ihnen im Handeln dann auch zu folgen, ist das, was wir die ‚pragmatische Wendung' in der Ethik nennen können. Ich meine die Erweiterung der ethischen Reflexion um die Frage: Wie läßt sich richtige ethische Reflexion in moralisch richtiges Handeln überführen?

## *2 Die ‚Rettung' der Sonntagsreden-Ethik durch den Alltag*

Mit einer meiner Lieblingsformulierungen, die ich von Stephen Toulmin entlehnt habe,[13] läßt sich davon sprechen, daß die Sonntagsreden-Ethik durch den Alltag geradezu ‚gerettet' werde, und zwar sowohl innerhalb der sogenannt ‚reinen' als auch der ‚angewandten Ethik'. Was ich damit meine, ist, daß die Ethik in bekannten seichten, sich aber durch dunkle Sprache tief gebenden Gewässern dümpelte, und zwar über fast zwei Jahrhunderte hin. Man kann ein kantisches Diktum[14] selbstbezüglich variieren und sagen, die Ethik habe eigentlich bis in die letzten zwei Jahrzehnte hinein seit Kant keinen Schritt vor noch zurück gemacht. In den letzten zwei Jahrzehnten aber hat sie sich vollständig verändert, weil plötzlich klar wurde, daß, während früher 90 Prozent der Reflexion investiert werden mußte, um möglichst elegante Begründungen zu finden, heute 90 Prozent der Reflexion dafür investiert werden muß, die Anwendungszusammenhänge zu begreifen. Man kann z. B. nicht mehr einfach ‚für' oder ‚gegen' Gentechnik sein, und zwar deswegen nicht, weil Gentechnik ein so komplexes Gebiet ist, in dem so viele unterschiedliche Handlungsoptionen vorhanden sind, daß das dezentrale ethische Subjekt stets zu jeder derselben sich explizit zu äußern moralisch verpflichtet ist. Und dazu muß es eben viel über die neuen molekularbiologischen Theorien, viel auch über die gentechnischen Verfahren und viel über die einschlägigen Rahmenbedingungen wissen. Das bedeutet, die spekulative Ethik wurde gezwungen, von ihren Sonntagsreden-Höhenflügen in die Niederungen der konkreten Anwendungsorientierungen hinabzusteigen,[15] und daraus ergibt sich dann

[13] St. Toulmin, „How medicine saved the life of ethics", in: J. P. DeMarco/R. M. Fox (Hg.), New Directions in Ethics: The Challenge of Applied Ethics, New York 1986, 265–281.

[14] I. Kant, Kritik der reinen Vernunft, Vorrede zur 2. Aufl., B VIII.

[15] H. Lenk, Einführung in die angewandte Ethik. Verantwortlichkeit und Gewissen, Stuttgart u.a. 1997; J. Nida-Rümelin, (Hg.): Angewandte Ethik. Die Bereichsethiken und ihre theoretische Fundierung. Ein Handbuch, Stuttgart 1996; P. Singer, Applied Ethics, Oxford 1986; D. M. Rosenthal, Applied Ethics and Ethical Theory, Salt Lake City 1988; J. P. DeMarco/R. M. Fox (Hg.), 1986, op. cit. (s. o. Anm. 13); O. Neumaier (Hg.), Angewandte Ethik im Spannungsfeld von Ökologie

gleichsam eine Art von ‚Give and Take', d. h. Ethik wird ein *lernfähiges* System. Ethik selbst wird von dem gefährlichen Technik-Alltag herausgefordert, und gäbe es diesen gefährlichen Technik-Alltag nicht, gäbe es nicht die Probleme, von denen wir sehen, daß sie komplex und schwierig sind und daß wir sie nicht einfach durch Berufung auf Prinzipien lösen können. Gäbe es das alles nicht, dann wäre die Ethik längst erstarrt. Wir hätten dann weder eine Entwicklung innerhalb der Ethik, noch auch eine Entwicklung innerhalb der Technik selbst.

### *3 Prozedurale hermeneutische Ethik im Pluralismus*

Die Frage ist auch hier: Was tun? Und dazu muß ich ein weiteres Versatzstück skizzieren, damit alles beisammen ist, was wir brauchen, um nun in die Diskurspraxis einzutreten, auf die die Weiterentwicklung der Diskurstheorie zuläuft. Das Versatzstück, das ich noch brauche, ist eines, was uns alle beunruhigt: Wir hören nämlich immer wieder, wir hätten keinen gemeinsamen Wertekanon mehr. Alles sei relativ.

Das ist sowohl richtig als auch völlig falsch formuliert. Unser Problem liegt nicht darin, daß wir keinen Wertekanon mehr hätten, der absolut und verallgemeinerbar für alle gälte, sondern unser Problem liegt darin, daß wir zu viele davon haben. Unser Problem ist nicht das eines generellen Werte*agnostizismus*, sondern unser Problem ist das eines Werte*pluralismus*.[16] Weil

und Ökonomie, Sankt Augustin 1994; G. Patzig, Gesammelte Schriften, 2. Angewandte Ethik. 1996; E.R. Winkler (ed.), Applied ethics: a reader, Oxford u. a. 1993; L. May (ed.), Applied ethics: a multicultural approach, Englewood Cliffs, NJ 1994.

[16] G. Abel/H. J. Sandkühler (Hg.), Pluralismus – Erkenntnistheorie, Ethik und Politik, Hamburg 1996; P. L. Berger/Th. Luckmann, Modernität, Pluralismus und Sinnkrise. Die Orientierung des modernen Menschen, Gütersloh 1995; A. Schwan, Ethos der Demokratie. Normative Grundlagen des freiheitlichen Pluralismus, Paderborn u. a. 1992; H.-M. Schönherr-Mann, Postmoderne Theorien des Politischen. Pragmatismus, Kommunitarismus, Pluralismus, München 1996; D. Archard (ed.), Philosophy and Pluralism, Cambridge 1996; R. Bauboeck, Integration in a Pluralistic Society. Strategies for the Future, Wien 1993; J. Detjen, Neopluralismus und Naturrecht, Paderborn u. a. 1988; U. Druwe-Mikusin, Moralische Pluralität: Grundlegung einer analytischen Ethik der Politik, Würzburg 1991; H. Grimmsmann, „Das deutsche Unbehagen am Pluralismus", in: Lutherische Monatshefte, 1994, Jg. 33, 11–12; D. v. Heerden, „Liberal Neutrality and Cultural Pluralism", in: South African Journal of Philosophy, 1994, Vol. 13, 61–72; St. Hendley, „Liberalism, Communitarianism and the Conflictual Grounds of Democratic Pluralism", in: Philosophy & Social Criticism, 1993, Vol. 19, 293–316; H.-P. Krüger, „Rationaler Pluralismus – Zu Reschers Habermas-Kritik", in: Deutsche Zeitschrift für Philosophie, 1994, Jg. 42, S. 291–304; L. Marcil-Lacoste, „The Paradoxes of Pluralism", in: Ch. Mouffe (ed.) Dimensions of Radical Democracy: Pluralism, Citizenship, Community, London/New York, 1992, 128–142; J. Margolis, „Relativism vs. Pluralism and Objectivism", in: Journal of Philosophical Research, 1996, Vol. 21, 95–106; N. Rescher,

so viele und so stark kollidierende Wertesysteme in Gesellschaften wie der unsrigen nicht nur de facto koexistieren, sondern weil wir diese Koexistenz auch explizit wollen, also weil Pluralismus selbst zu einem Wert avanciert, deswegen befinden wir uns in der Situation, daß wir keine *allgemeinverbindliche* Ethik als die eine Ethik mehr haben. Das bedeutet aber, daß dann auch von dieser Vorstellung, es gebe eine allgemeinverbindliche Ethik für alle (oder es sollte sie doch mindestens geben), Abschied genommen werden muß. Wir können nicht gleichzeitig den Wertepluralismus wollen und eine allgemeine Ethik für alle fordern.

Stattdessen – und die Demokratietheorie hat uns das schon seit Jahrzehnten vorgemacht – gilt es sich klarzumachen, daß die Sehnsucht nach dem *einen* Wertesystem sich verlagern muß auf die Prinzipien der Auseinandersetzung über die *verschiedenen* Wertesysteme. Anders gesagt: Unter Bedingungen eines Wertepluralismus muß Abschied genommen werden von der Vorstellung der einen allgemein-verbindlichen Ethik. Stattdessen gilt es, moralisch legitime *Verfahren* zu finden. Und diese moralisch legitimen Verfahren sind nicht allein im Bereich der verfaßten parlamentarischen Politik, also dessen was wir gleichsam als das Agieren des politischen Verfahrenssystems kennen, anzusiedeln, sondern dort, wo wir die „civil society"[18] verorten, d. h. in den sich an den ‚Rändern' der parlamentarischen Politik herausbildenden Verfahren des Politisierens, also der Erzeugung von Zustimmungsbereitschaft. Was wir die ‚neuen Arenen' des politischen Diskurses oder

Pluralism: Against the Demand for Consensus, Oxford 1993; L. Schäfer, „Pluralismus als variantenreiches systematisches Denken verlangt eine Aufwertung des Anderen", in: Deutsche Zeitschrift für Philosophie, 1994, Jg. 42, 305–312; J. Seibt, „A Janus View on Rescher's Perspectival Pluralism", in: Philosophy and Phenomenological Research, 1994, Vol. 54, 433–440; Sh. Tell, „The Nature of Pluralism", in: Journal of Thought, 1996, Vol. 31, 37–45; W. Welsch, Postmoderne – Pluralität als ethischer und politischer Wert, Köln/Bachem 1988; W.Ch. Zimmerli, „Das antiplatonische Experiment", in: ders.(Hg.), Technologisches Zeitalter oder Postmoderne, München 1988; ders., „Hat der Pluralismus eine eigene Philosophie? Gedanken zu geistigen Zukunft Europas", in: Gymnasium. Zeitschrift für Kultur der Antike und Humanistische Bildung, Bd. 100, H.6, 1993, 497–513; M. Zöller, Das Prokustes-System. Der organisierte Pluralismus als Gewißheitsillusion, Opladen 1988.

[17] A. B. Seligman, The idea of civil society, Princeton, NJ 1995; J. L. Cohen/A. Arato, Civil society and political theory, Cambridge, Mass. u. a. 1995; A. Shanks, Civil society, civil religion, Oxford, UK u. a. 1995; J. A. Hall (ed.), Civil society. Theory, History, Comparison, Cambridge, UK 1995; J. Keane (ed.), Civil society and the state: New European perspectives, London/New York 1988; S. Splichal/A. Calabrese/C. Sparks (ed.), Information society and civil society. Contemporary perspectives on the changing world order, West Lafayette, Ind. 1994; D.E. Eberly (ed.), Building a community of citizens: civil society in the 21st century, Lanham, Md. 1994; R. Wuthnow, Christianity and civil society : the contemporary debate, Valley Forge, Pa. 1996; R. Dahrendorf, After 1989: morals, revolution, and civil society, New York 1997.

der deliberativen Demokratie[18] nennen, das sind die Orte, an denen ein Großteil dieser Entscheidungen getroffen wird. Nicht das Verfassungsgericht, das in Deutschland wie in keinem anderen Lande der Welt dann angerufen wird, wenn die Politik selbst nicht mehr zu Rande kommt, nicht der Bundestag, nicht das Kabinett, sondern die verschiedenen Diskursforen, z. B. die Ingenieur-Akademien, sind es, die in dieser Civil-Society-Bewegung an den Rändern des verfaßten demokratischen Systems neue legitime Verfahren zur Legitimation von Handlungen ausbilden.

Eine solche Ethik muß *prozedural* sein, da die Prozeduren des Austragens von Meinungsverschiedenheiten wahrscheinlich das einzige sind, auf das sich Vertreter unterschiedlicher Auffassungen einigen können. Und sie muß in einem doppelten Sinne *hermeneutisch* sein:[19] Zum einen muß es ihr aufgrund des hohen Anteils an situationsspezifischem Anwendungswissen um ein genaues *deskriptives* Verständnis eben dieser Situationen gehen, und dieses Verständnis läßt sich nur in einem wiederholten hermeneutischen Kreisen zwischen dem eigenen Vorverständnis und den Informationen über die Situation erzielen. Zum anderen aber geht es um einen *normativen* hermeneutischen Zirkel: Weder sind die Prinzipien der Ethik, die in Ansatz gebracht werden, sakrosankt und ein für allemal gültig, noch kann sich die bloße Faktizität der verstandenen Situation einer normativen Beurteilung vollständig entziehen. Vielmehr setzt auch dort ein – normatives – hermeneutisches Kreisen zwischen den als Vorverständnis investierten normativen Prinzipien und der konkreten Situation ein, und zwar u. U. mit dem Ergebnis, daß die Prinzipien kritisiert oder daß die verstandenen Situationen normativ anders beurteilt werden.

[18] C.S. Nino, The Constitution of Deliberative Democracy, Yale University Press 1996; O. Gerstenberg, Bürgerrechte und deliberative Demokratie. Elemente einer pluralistischen Verfassungstheorie, Frankfurt/Main 1997; J. Habermas, „Drei normative Modelle der Demokratie", in: ders., Die Einbeziehung des Anderen, Frankfurt/Main 1996, 277–297; ders., Faktizität und Geltung, Frankfurt/Main 1992; S. Benhabib, Toward a Deliberative Model of Difference. Contesting the Boundaries of the Political, Princeton N. J. 1996; H. Paurtois, „La démocratie délibérative à l´épreuve du libéralisme politique", in: Lekton, vol. 3, Nr. 7, Autumne 1993, 105–134;. J. Bohman/W. Rehg (ed.), Deliberative democracy. Essays on reason and politics, Cambridge, Mass. 1997

[19] Vgl. W. Ch. Zimmerli, „Von der ‚angewandten' zur ‚hermeneutischen' Ethik. Pluralistische Wertorientierung und neuer ‚New Deal'" In: H. Lenk/H. Poser (Hg.): Neue Realitäten – Herausforderung der Philosophie, Berlin 1995, 121–129; ders./M. Aßländer, Wirtschaftsethik, in: J. Nida-Rümelin (Hg.): 1996, op. cit. (s. o. Anm. 15), 290–344.

## 3. Von der Theorie zur Praxis

Damit ist nun allerdings der Kern bereits angesprochen: Die Ethik, die sich in bezug auf Technik früher häufig als ,Technikfolgenabschätzung' bezeichnete, hat zur Vermeidung ihres Konkurses den Weg in den Diskurs eingeschlagen. Mit anderen Worten: Wir haben nur eine Chance, die neue Form der Ethik zu finden, wenn wir über die alte Form der Ethik, nämlich diejenige, in der einige theoretisch darüber nachdachten, was für alle anderen praktisch richtig sei, hinausgehen in eine stärker partizipatorische, eine stärker diskursive, eine stärker auf die Laien und nicht bloß die Ethikexperten bezogene Diskurspraxis.

### *1 Diskurstheorie und Diskurspraxis*

Wer aber ,Diskurs' sagt, erinnert sich und andere natürlich sofort an Frankfurt und an die Kritische Theorie. Diskursethik in deren Sinne ist nun allerdings gewiß nicht Ethik diskursiver Verfahren. Diskursethik, wie Apel und – in diesem Falle – in seinem Gefolge Habermas sie verstehen, ist in ihrem sogenannten A-Teil eine klassische theoretische Seminarethik,[20] die nicht in die Niederungen der Praxis hinabsteigt, sondern andersartige, nämlich pragmatisch-diskursive Begründungen für jene Prinzipien liefert, deren Geltung faktisch bereits feststeht. Gewiß, darin besteht sehr häufig die Aufgabe der Philosophie: etwas, was ohnehin selbstverständlich ist, neu zu begründen und zu erklären, warum es denn selbstverständlich sein soll. Man nennt das ,Transzendentalphilosophie'. Die Transzendentalpragmatik der Diskurstheorie von Apel und Habermas erfüllt viele der Bedingungen einer guten Diskurstheorie, d. h. gut und schön über schöne und gute Diskurse reden zu können. Aber gut und schön über schöne und gute Diskurse reden heißt noch nicht Diskurse *führen*. Die Diskursethik reicht also nicht aus für das, was wir fordern, wenn wir sagen, die Ethik nach ihrem Paradigmenwechsel solle die pragmatische Wendung zum Diskurs vollziehen.

Was heißt denn dann gute Diskurse führen? Man könnte meinen, das Feld, in dem man sehen könne, was es bedeute, sei erneut die Technikfolgenabschätzung[21].

[20] Vgl. K.-O. Apel, Diskurs und Verantwortung. Das Problem des Übergangs zur postkonventionellen Moral, Frankfurt/Main 1992$^2$; ders., „Diskursethik als Verantwortungsethik und die Ökonomie", in: B. Biervert/K. Held/J. Wieland (Hg.), Sozialphilosophische Grundlagen ökonomischen Handelns, Frankfurt/Main 1992$^2$, 121–154; ders./M. Kettner (Hg.), Zur Anwendung der Diskursethik in Politik, Recht und Wissenschaft, Frankfurt/Main 1993$^2$; J. Habermas, „Moralbewußtsein und komunikatives Handeln", in: ders., Moralbewußtsein und komunikatives Handeln, Frankfurt/Main 1992$^5$, 127–206; ders., Erläuterungen zur Diskursethik, Frankfurt/Main 1992$^2$.

[21] Vgl. W. Ch. Zimmerli, „Technologiefolgenabschätzung. Wissenschaft oder Politik?", in: ders., Technologie als ,Kultur', op. cit. (s. o. Anm. 1), 133–156

Und in der Tat existiert eine enge Überlappung zwischen dieser pragmatischen Wendung der Technikethik und der Technikfolgenabschätzung. Die Tatsache, daß nur einige Jahre, nachdem in der Bundesrepublik das Büro für Technikfolgenabschätzung in Bonn eingerichtet wurde, dessen großes Vorbild, nämlich das Office of Technology Assessment (OTA) in Washington geschlossen worden ist, läßt darauf schließen, daß die Technikfolgenabschätzungs-Community selbst ebenfalls gemerkt hat, daß diese Form von Technikfolgenabschätzung als eine Art von institutioneller Politikberatung mindestens nicht das einzige sein kann, worum es der Technikfolgenabschätzung zu gehen hat. Diese hat vielmehr gelernt, daß, wenn das wissenschaftlich Eingesehene umgesetzt werden soll, eben Diskurse geführt werden müssen, und diese werden in z.T. vorzüglicher und beispielhafter Form, etwa an der Akademie für Technikfolgenabschätzung in Stuttgart[22], durchgeführt (wenn auch vielleicht nicht in dem Ausmaß, in dem sie der ursprünglichen Konzeption gemäß hätten geführt werden sollen ...).

## *2 Konsensus-Konferenzen, Planungszellen und ‚Konsensinseln' im Dissens*

Eine andere Form pragmatischer Umsetzung sind die sog. „Konsensuskonferenzen",[23] wie sie in Großbritannien und Dänemark praktiziert werden. Deren Konzeption folgt einer im Prinzip einleuchtenden Überlegung, nämlich derjenigen, daß Ethikexperten genauso wie Technikexperten und genauso wie Wissenschaftsexperten zwar Experten sind, aber eben dadurch, daß sie solche Spezialisten sind, gerade nie das ganze Problem sehen können. Expertengremien selber können mithin niemals vollständige Entscheidungen, insbesondere in ethischen Fragen, treffen. Daher muß man diejenigen, die zwar über ein moralisches, lebensweltliches und pragmatisches Know-how verfügen, aber keine Fachexperten sind, stärker beteiligen: die Laien.

Laienbeteiligung in Diskursen ist das Grundprinzip sowohl der Konsensuskonferenzen als auch der Planungszellen à la Dienel.[24] Dabei handelt es sich um

[22] Vgl. hierzu den Beitrag von F. Vogelsang in diesem Band, 57–82.

[23] Zum Instrument der Konsensus-Konferenzen vgl.: „Konsensus Konferenzen – Ein neues Element demokratischer Technologiepolitik?", in: TAB Brief Nr. 10, hrsg. vom Büro für Technikfolgenabschätzung beim Deutschen Bundestag (1995), 4–9; L. Hennen, Das Ohr an der Basis? Konsensuskonferenzen helfen den Politikern, die Anschauungen über neue Techniken zu vermitteln, in: Politische Ökologie, j. 14, n. 46, 1996, 45–48.

[24] Vgl. P. C. Dienel, Die Planungszelle: der Bürger plant seine Umwelt. Eine Alternative zur Establishment-Demokratie (1978), 4., durchges. Aufl. Opladen 1997; ders./D. Garbe/O. Renn u. a., Politiker hören auf Bürger – Planungszelle Bürgergutachten. Anwendungsfelder partizipativer Politikberatung, Bonn 1990; W. Gessenharter, Warum neue Beteiligungsmodelle auf kommunaler Ebene?, in: Aus Politik und Zeitgeschichte, B 50, 3–13, 1996.

ein Instrument der Politikberatung und gehört mithin in den Bereich der praktischen angewandten Ethik und nicht in denjenigen der rein theoretischen Ethik. Es werden dabei beliebige, fast stichprobenartige nicht repräsentative Gruppen zusammengestellt, die ihrerseits mit Experten konfrontiert werden und über das, was die Experten ihnen als Antworten auf die von ihnen erarbeiteten Fragenkataloge berichten, selber wiederum beraten und daraus Vorschläge zur Einführung neuer, zur Abschaffung alter, zum Ausbau bereits bestehender Technologien usw. machen. Die Idee dahinter ist, daß auf diese Weise zwei Fliegen mit einer Klappe geschlagen werden können, und zwar besser, als Philosophieprofessoren, die ein jahrzehntelanges berufliches Training darin haben, das allein tun könnten. Der moralische *common sense* wird gleichsam als Expertise direkt eingebracht. Darin besteht der eine Vorteil. Der andere besteht darin, daß die Politik annimmt, damit über eine Art Meßgerät, einen Sensor zu verfügen, um zu wissen, wie die Akzeptanz für bestimmte technologiepolitische Entscheidungen sein wird. Was vorgenommen wird, ist also gleichsam eine Simulation der allgemeingesellschaftlichen Akzeptanz. Explizit nicht einbezogen werden die sogenannten Betroffenen; es handelt sich dabei also nicht um einen Betroffenen-Diskurs, wie in der Regel im Falle der moderierten Diskurse. Diskurse dieser Art werden vielmehr von nichtbetroffenen Laien geführt, also nicht von Menschen, die z. B. direkt von der Einrichtung einer Mülldeponie betroffen sind oder die direkt im Umkreis einer End- oder Zwischenlagerstätte für radioaktiv schwach strahlenden oder mittelschwach strahlenden Abfall wohnen. Sondern es handelt sich hier um Personen, die bewußt aus einem anderen Pool gegriffen werden. Der Vorteil, den, wie gesagt, dieses Verfahren hat, ist, daß man auf diese Weise einen Sensor für moralischen *common-sense* hat, den man weitgehend situationsunabhängig einsetzen kann. Und die Erfolge geben diesem Verfahren recht.

Der Nachteil daran ist allerdings, daß es sich dabei um *konsens*orientierte Veranstaltungen handelt. Als konsensorientierte Veranstaltungen werden sie aber das Schicksal erleiden, am Schluß eine dermaßen allgemeine und dünne und nicht mehr pragmatisch weiter umsetzbare Menge von Prinzipien zu liefern, von denen man schon vorhersagen kann, daß sie von allen allein deswegen akzeptiert werden, weil sie den einzigen, dann aber auch den kleinsten gemeinsamen Nenner ausdrücken. Worauf wir in den meisten technikethischen Fällen aber viel intensiver achten sollten, ist der *Dissens* der Betroffenen bzw. der ‚stakeholder'. In einer pluralistischen Gesellschaft ist der Dissens die Regel und der Konsens die Ausnahme. Also ist es nötig, Diskursverfahren zu wählen, in denen wir in dieser pragmatischen Wendung der Ethik, zwar angeleitet von ethischem Sachverstand, aber durch Repräsentanz von betroffenen Laien und Experten besser an die realen Fronten angenähert, die Dissense herauspräparieren und dadurch sozusagen

*'Konsensinseln'* lokalisieren können. Wenn Konsens die Ausnahme ist, dann sind diese Konsensinseln eingebettet in ein Meer an Dissensen. Konsensinseln lokalisieren und auf dem Meer von Dissensen navigieren kann aber nur, wer Diskurse führt, die ihrerseits mit der Qualität der Selbstähnlichkeit ausgestattete Exempel dessen sind, worüber geredet wird, nämlich dissensorientierte, institutionalisierte, pluralistische und pragmatische Ethos-Lernsituationen.

## *3 Der 'Sitz im Leben'*

Der 'Sitz im Leben' so verstandener Technikethik ist daher ein Lernschritt dieser Technikethik selbst. Dem hier vertretenen Konzept zufolge ist Technikethik ein lernendes, reagierendes und proagierendes System, also ein System, das nicht davon ausgeht, daß bestimmte Werte immer und überall gelten, sondern das davon ausgeht, daß wer behauptet, daß bestimmte Werte immer und überall gelten, schlicht nicht lange genug gelebt hat. Zeitliche oder überzeitliche Geltung von Werten wird so zu einer von der Beobachtungszeit abhängigen Frage relativer Dauer. Und dieser temporale Faktor des Wertewandels muß in die ethische Praxis selbst integriert werden.

Für den Ethikdiskurs, der dem Projekt „Technikethik in der Praxis" als Verfahren zugrundegelegt wurde, wurde deswegen eine neue Diskursform gewählt.[25] Es wurde versucht, nicht nur via Literaturauswertungen und gelehrte Diskussionen das Gebiet zu erfassen, sondern zusätzlich und vordringlich über regelmäßig wiederholte Diskurse mit einer relativ konstanten Gruppe von Personen, die zugleich Betroffene und Nicht-Ethiker, also in gewisser Hinsicht Laien und Experten waren, sich Klarheit darüber zu verschaffen, welche unterschiedlichen Werte in Diskussionen über ein technisches Sachthema – in unserem Fall über das Sachthema „Abfall" – investiert werden. Durch Moderation und Supervision wurden diese Diskurse so begleitet, daß für die Diskursteilnehmer die normativen Strukturen sichtbar gemacht werden konnten, die ihrem Diskurs und den sich in ihm zeigenden mannigfachen Dissensmöglichkeiten zugrundelagen. Dabei ließen sich dann die erwähnten Konsensinseln identifizieren.

So geartete Diskurse, in denen mannigfache sozialwissenschaftliche Verfahren zur Anwendung kommen, mögen u. U. Instrumente sein, die nicht nur die investierten normativen Gehalte für die Diskursteilnehmer selber sichtbar machen, sondern auch, professionell institutionalisiert, zu einer Art Trainingszentrum oder „Trimm-dich-Pfad der Ethik" werden könnten. Denn – und das ist das Entscheidende – Ethik nach dem pragmatischen Paradigmenwechsel ist nicht mehr



[25] Vgl. den Beitrag von A. Werthebach in diesem Band, 83–106.

bloß eine reine kognitive Theorie, sondern ist *eine pragmatische Praxis zur Bildung der moralischen Urteilskraft*. Damit aber wird Ethik wieder zu dem, was sie ursprünglich schon war: akademisch gesprochen zu einem typischen Beispiel für Transdisziplinarität, lebensweltlich und pragmatisch gesprochen zu einer philosophischen Hilfe zur Erreichung eines Ethos der Lebensführung, beziehe sich dieses nun auf den Beruf, auf die politischen Arenen oder auf das Privatleben. Gerade das Beispiel Technik zeigt, daß ihre ethische Erfassung und das Ethos des Umgangs mit ihr zwar auch, aber keineswegs ausschließlich eine Angelegenheit der professionellen Ingenieure ist.

Eva Senghaas-Knobloch

# Verantwortungsbewußtsein in Ingenieurberufen: Ingenieure im Dialog für einen erweiterten Handlungshorizont

## Einleitung

„Kein Handwerksmann soll etwas Neues erdenken oder erfinden oder gebrauchen, sondern jeder soll aus bürgerlicher und brüderlicher Liebe seinem Nächsten folgen." So wurde in der Thorner Zunfturkunde von 1523 das Ideal für die berufliche Praxis in der Handwerkstechnik vorgegeben.[1] Die Befremdung, mit der wir heute auf diese Verhaltensmaßregel für Handwerker schauen, deutet jedoch darauf hin, daß in der Thorner Urkunde nicht nur ein berufliches Ideal, sondern auch eine uns völlig fremd gewordene Lebensauffassung und Weltanschauung enthalten ist. Aus Liebe zu seinen Mitbürgern und zu seinen zunfthandwerkerlichen Brüdern soll sich der Handwerksmann an die gemeinsam erprobten technischen Verfahrensweisen halten. Denn damit ist die gleichbleibende Qualität für die Produkte der Auftraggeber gesichert und zugleich ein nicht kulturell eingebetteter Wettbewerb mit seinen Zunftbrüdern vermieden. Ein verantwortungsbewußter Handwerksmann hatte sich an die bewährten Regeln zu halten. Das bezog sich auf technische und auf ökonomische Dimensionen seiner Tätigkeit. Verbindliche moralische Regeln waren in die Ökonomie und berufliche Alltagspraxis eingewirkt.

In allen drei Dimensionen, der technischen, der ökonomischen und der moralischen, stehen wir heute in einer neuen Situation. Aufgrund der zunächst langsamen, sich über Jahrhunderte erstreckenden Durchdringung früherer Moralökonomien durch die kapitalistische Produktionsweise sind Ökonomie und Technik dynamisiert worden. Das Ideal der beruflichen Praxis in der technischen Dimension wird nicht mehr durch Verweis auf Überlieferung, Sitten und Gebräuche, sondern vom Gebot ständiger Veränderungen geprägt. Die früheren vielfältigen und genau formulierten Zunftregeln, denen ökonomisch das Interesse an einem monopolistisch begrenzten Markt entsprach, sind dem neuen technisch-ökonomischen Imperativ gewichen: Nicht Stillstand, sondern Fortschritt[2] lautet

[1] Zitiert nach Alexander Rüstow 1951, 379f. aufgrund des Hinweises von Zimmerli 1987, 101. Der Neoliberale Rüstow beschreibt ausführlich die Beweggründe gegen den Einsatz von Wissenschaft und Technik von der Antike bis zur Neuzeit; er endet seinen Essay mit einem Plädoyer für Finanzierung und Regulierung der modernen Technik durch die öffentliche Hand.

[2] Dieser Imperativ galt und gilt auch in den Planwirtschaften der Moderne, deren Herrschaftsform auch bis zu einer bestimmten Entwicklungsstufe erfolgreich war.

der Imperativ. Dieser ist aufs engste mit der Herausbildung einer „neuen kollektiven Praxis" verknüpft, wie Hans Jonas[3] die Verbindung von moderner Naturwissenschaft, Technik und Ökonomie bezeichnet. Individuelle Forschungsmotivationen stehen im Bündnis mit staatlicher Innovationsförderung und ökonomischen Interessen. Mit dem Erkenntnisfortschritt ist daher oft schon das entsprechende technische Handeln verbunden. Moderne wissenschaftsbasierte Techniken (ebenso wie technikbasierte Wissenschaften) sind ohne eigenes Maß. Der Wirtschaftswissenschaftler Werner Sombart hatte entsprechend schon in den zwanziger Jahren das technisch-fachliche Wissen als ein „objektiviertes Wissen" beschrieben, als ein „Handeln nach Gesetzen, die man kennt, nicht nach Regeln, die man beachtet."

Mit der „Entgöttlichung im Naturdenken" war nach Sombarts Ansicht zugleich die Konsequenz einer „Entmenschlichung im technischen Denken" verbunden[4]. Die Freisetzung der neuen sozioökonomischen und soziotechnischen Entwicklungsdynamik ging mit der Auflösung alter Dienst- und Gewaltverhältnisse, aber auch von Fürsorgeverpflichtungen der feudalen Ordnung sowie der Trennung von öffentlicher und privater Sphäre als einer „objektiven Kulturbedingung"[5] zusammen. Die Probleme der Subsistenzlosigkeit und der Arbeits- und Lebensbedingungen großer Bevölkerungsteile als klassische Folgewirkungen dieser neuen sozioökonomischen Entwicklungsdynamik haben als „soziale Frage" die sozialpolitische Agenda seitdem nie wieder verlassen.

Technischer Fortschritt und soziale Wohlfahrt standen von Anbeginn an in einem problematischen Verhältnis. Im Deutschland der Weimarer Republik trug nach einer anfänglichen Phase allgemeiner politischer Begeisterung für technische Entwicklung und Rationalisierung, die noch von der Nachzüglerrolle Deutschlands im internationalen Vergleich geprägt war, die tiefe ökonomische Depression zu einer kritischen Wende bei.[6] Sombart formulierte sogar in den dreißiger Jahren: „Die stete Revolutionierung der Technik (geht) auf die im wesentlichen durch kapitalistische Interessen forcierte Vielerfinderei zurück (...). Es ist nicht einzusehen, warum diese nicht einmal aufhören könnte".[7] Der Begriff der kapitalistischen Vielerfinderei deutet auf das Bestreben Sombarts hin, die freigesetzte

[3] Vgl. Jonas 1987.

[4] Sombart 1928, Band 3, Reprint 1987, 81.

[5] Hintze 1964, 431.

[6] 1926 wurde vom Reichstag ein (Enquete)-„Ausschuß zur Untersuchung der Erzeugungs- und Absatzbedingungen der deutschen Wirtschaft" eingesetzt, dessen Unterausschuß IV sich mit Fragen der Beziehung von Technik und Arbeitsleistung befaßte (siehe Dierkes/Knie/Wagner 1988, 18 ff.).

[7] Sombart 1934, 258, zitiert nach Dierkes/Knie/Wagner 1988, 14.

Dynamik wieder zu zähmen, und zwar durch polizeiliche Bestimmungen in Form von Ge- und Verboten, durch eine Anmeldepflicht jeder Erfindung beim Patentamt und durch den Primat der Staatsleitung für die Technikforschung. Ein „Oberster Kulturrat" sollte die Entbindung der technischen Entwicklung aus den Wertordnungen der gesellschaftlichen Handlungsbereiche wieder rückgängig machen. Vom Staat erwartete sich Sombart die Ersetzung seiner ihm unverständlich erscheinenden Zurückhaltung zugunsten eines „Primats der Staatsleitung".[8]

Mit diesen Vorschlägen wandte sich Sombart – ähnlich wie andere Stimmen seiner Zeit – gegen den Typ von Technikregulierung, der sich in den zurückliegenden 50 Jahren herausgebildet hatte. Dieser Typ der Technikregulierung war in der Zeit der Weimarer Republik durch die „wissenschaftlich-technische Gemeinschaftsarbeit" geprägt, in denen Ingenieure und Techniker sich als Mittler zwischen einer Ingenieurtechnik mit ihrer eigenen Logik und den staatlichen Anforderungen an Sicherheit und Gefahrenabwehr begriffen. Mit der Betonung der technischen Kompetenz hatten Techniker- und Ingenieurvereine vor allem die Dominanz der juristischen Kompetenz in der öffentlichen Verwaltung erfolgreich angefochten, so daß der Staat darauf verzichtete, selbst technischen Sachverstand zu verkörpern. Mittler wollten die Ingenieure nach ihrem eigenen Selbstverständnis auch im gesellschaftlichen Konfliktfeld zwischen Unternehmern und Arbeiterklasse sein. Der Begriff der wissenschaftlich-technischen Gemeinschaftsarbeit verweist auf die berufliche Idealvorstellung, Technik in den Dienst der Gemeinschaft zum Nutzen aller zu stellen – in bewußter Abgrenzung von einseitiger ökonomischer oder machtpolitischer Nutzung.[9]

Techniker und Ingenieure sahen sich zudem seit der Einführung neuer Techniken mit der Frage konfrontiert, wie sie verantwortlich mit den neuen technisch bedingten Gefährdungen umgehen sollten. Es waren die technischen Unfälle mit der neuen Technik des Dampfkessels, die Mitte des 19. Jahrhunderts in den Vereinigten Staaten dazu führte, daß sich in der Bevölkerung die bis dahin stark negative Einstellung gegenüber Regierungseingriffen in unternehmerisches Handeln veränderte. Erfahrungshintergrund dafür waren die zahlreichen schweren Explosionen auf Dampfschiffen. Nach einem ersten wenig erfolgreichen Gesetz, in dem zwar Dampfkesselinspektionen, aber keine detaillierten Regelungen für Konstruktion oder Inspektion der Kessel vorgesehen waren, kam es durch die Zusammenarbeit eines Maschinenbauers und eines Senators aus Illinois 1852

[8] Zitiert nach ebd.

[9] Siehe dazu Hortleder 1974, 103; Ludwig 1974, 29 und die Beiträge in Ludwig unter Mitwirkung von König 1981.

zu einem Gesetz mit detaillierten technischen Konstruktions- und Inspektionsregeln.[10]

Auch in Deutschland waren die Dampfkesselexplosionen Auslöser für neue Regulierungen. Die Richtung der Veränderungen unterschied sich allerdings von der in den USA. In Preußen war anders als in den USA im 19. Jahrhundert zunächst eine „Politik der merkantilistischen Technikförderung" prägend gewesen. Gesetzliche Regelungen waren mit detaillierten Anleitungen für bestimmte Verfahrensweisen, beispielsweise für Fabrikanlagen, verbunden. Die Technische Deputation hatte in Verbindung mit der Gewerbepolizei detaillierte Konstruktionsvorschläge für Dampfkessel erlassen, um der Gefahr der Explosion vorzubeugen. Der 1856 gegründete Verein Deutscher Ingenieure (VDI), in dem sich Wissenschafter, Ingenieure und Techniker um das Leitbild der technischen Kompetenz organisierten, wandte sich strikt gegen diese staatlich erlassenen Regeln und setzte sich dafür ein, daß die „Kesselrevisionen von freien Vereinen vorgenommen werden und daß der Beitritt zu einem solchen Verein vom Staat obligatorisch gemacht wird, daß aber, solange solche Vereine noch nicht existieren, die Revisionen durch Techniker geschehen, welche von den Interessenten gewählt und von der Regierung bestätigt werden."[11]

In Deutschland entstand so ein Regulierungsmodus, demzufolge von staatlicher Seite zwar Rahmenvorgaben gegeben werden, die konkrete Umsetzung jedoch über die Rechtskonstruktion „Stand der Technik" an die technisch-wissenschaftlichen Vereine delegiert wird. Dabei wurden die technischen Überwachungsvereine, die ursprünglich auf einen Zusammenschluß von Unternehmen zurückgingen, um Dampfkessel zu überwachen, zunächst zu dem Ort, auf dem es zur Ausarbeitung technischer Normen bzw. der Regeln der Technik kam. Im Ersten Weltkrieg kam es auf Initiative von Ingenieuren zur Gründung eines Normalienausschuß für den allgemeinen Maschinenbau, später Normenausschuß der Deutschen Industrie genannt, der 1926 zum Deutschen Normenausschuß (DNA) und 1975 in der Bundesrepublik zum Deutschen Institut für Normung wurde, das für die DIN-Normen zuständig ist.

## Verantwortungsbewußtsein als Kompetenzanspruch und moralisches Handeln

Der historische Rückblick hat deutlich gemacht, daß sich der Begriff von Verantwortung im berufspraktischen Handeln auf zwei Dimensionen bezieht. In

[10] Zur Bedeutung der Kesselexplosionen auf die Einstellung der Bevölkerung zur bundesstaatlichen Gewalt in den USA siehe Burke 1975, bes. 329 ff.

[11] Siehe Lundgreen 1981, 81.

der einen Dimension geht es um die Frage der Zuständigkeit oder Kompetenz, sowohl im Sinne der Selbstzuschreibung als auch im Sinne der Zurechnung. Mit dem Bedeutungsgewinn von Technik entwickelte sich zugleich die soziale Gruppierung derer, die sich als Techniker, Ingenieure und Naturwissenschaftler um das Leitbild Technik versammelten. In Preußen und im Deutschen Reich war es diese Gruppierung der technisch-wissenschaftlichen Fachkräfte, die es verstanden hatte, vom Staat – und das hieß berufspolitisch insbesondere von juristisch gebildeten Staatsbeamten – erfolgreich die Kompetenz für Fragen der Technikregulierung an sich zu ziehen. Die Selbstzuschreibung von Kompetenz bedeutete im Zusammenhang mit der Herausbildung des besonderen Regulierungsmodus in Deutschland die Legitimation von Handlungsmacht aufgrund von technisch-naturwissenschaftlichem anstelle von juristischem Wissen. Dem Verantwortungsbewußtsein als Kompetenzanspruch korrespondiert ein beruflicher Autonomieanspruch. Aufgrund bestimmter Freiräume zur Gestaltung in eigener Kompetenz wird Verantwortung für die Wirkungen und Folgen dieser Gestaltung auf sich genommen. Diese Verantwortung ist in einem genuinen Sinn politische Verantwortung. Als Mitglied einer Kollektivität – hier der Kollektivität wissenschaftlich-technischer Fachkräfte – trägt man eine berufspolitische Verantwortung.

Die andere Dimension der Verantwortung zielt auf moralische Regeln, Werte und Normen. Es ist das Vermögen der Menschen, sich selbst in einen handelnden und einen beobachtenden Teil aufzuspalten, der zugleich auch das Bestreben begründet, möglichst „mit sich selbst im reinen zu sein".[12] Ein Teil der moralischen Regeln und Gebote ist in Rechtsnormen übersetzt worden, die grundlegenden insbesondere in den Kanon der Menschenrechte, wie Ropohl[13] hervorhebt. Daß es aber zwischen Rechtsnormen und moralischen Regeln in realen Gemeinwesen keine völlige Übereinstimmung geben kann, ist auch in dem historischen Rückblick deutlich geworden.

Den beiden Dimensionen des Verantwortungsbegriffs entspricht auch eine zweifache Dimensionierung von Verantwortungsbewußtsein. Im Verantwortungsbewußtsein äußert sich immer zugleich das Bewußtsein über das Ausmaß der eigenen Handlungsmächtigkeit und die Bewertung des eigenen Handelns nach moralischen Maßstäben[14], wobei offen bleiben kann, worauf diese Bewertung psychodynamisch gründet – auf der Verinnerlichung einer strafenden Instanz oder

[12] Siehe dazu Arendts Interpretation des Wortes von Sokrates: „it is better to suffer wrong than to do wrong" in ihrem Vortrag über kollektive Verantwortung, siehe Arendt 1987, 44 ff.

[13] Vgl. Ropohl 1996, 320 ff.

[14] Diesen Zusammenhang hat Hoff 1995, 58 ff. auch für die Integration moralischer Kontroll- und Moraltheorien dargestellt.

auf dem Gefühl der Verbundenheit. Eine Beachtung dieser beiden Dimensionen von Verantwortung und Verantwortungsbewußtsein ermöglicht es in einer ethischen Betrachtung, zugleich den sozialen Kontext der Handelnden und die Subjekthaftigkeit der Handelnden zu berücksichtigen. Im historischen Rückblick auf die Problematik der ersten großen Gefährdungen durch neue industrielle Technik können mit Blick auf die beiden Dimensionen von Verantwortung und Verantwortungsbewußtsein nun auch typische Konfliktfelder beschrieben werden, die den Ingenieurberuf begleiten.

Die Problematik der Dampfkesselexplosionen und die ihr folgenden Initiativen im Ingenieurbereich für die Ausarbeitung eigener Konstruktionsregeln und Überwachung weisen auf ein Verantwortungsbewußtsein hin, das sich an der *Funktionsverantwortung* orientiert. Sicheres Funktionieren der Technik im doppelten Sinn des zuverlässigen, aber auch des gefährdungsfreien Funktionierens, gehört von Anbeginn an zu dem Verantwortungsbereich, dem sich Techniker und Ingenieure verpflichtet sehen, entsprechend dem Begriff der internen Verantwortung[15] als Verantwortung für die Qualität des Produkts und die Korrektheit der Geschäftsbeziehungen sowie als Verantwortung der Profession für die Aufrechterhaltung der Gruppenstandards. Die Funktion des unbestimmten Rechtsbegriffs des „Stand der Technik" kann in dieser Perspektive als ein Versuch gewertet werden, angesichts der entfesselten Dynamik des technischen Fortschritts ein Äquivalent für die alten Zunftregeln zu gewinnen, insoweit sie Qualität als Funktionssicherheit von Produkten betrafen. Weil die Weiterentwicklung von Produkten bzw. die Erfindung und Optimierung zum fachlichen Ideal der Ingenieurwissenschaften gehört, kann Qualität nur durch schnelle Verallgemeinerung zeitweilig zum Maßstab erklärter technischer Verfahrensregeln gewährleistet werden. Technische Normierungen im Sinne der Standardisierung von Verfahren enthalten aber gerade durch ihre gewünschte Funktion der Handlungssicherheit für technische Konstrukteure und Anwender auch ungewünschte Festlegungen, die den Innovateuren zunächst als Hemmnisse entgegenstehen. Hier ist ein Konflikt zwischen dem beruflichen Interesse an Handlungssicherheit aufgrund erreichter *technischer Standards* und dem Ideal ständiger *Fortentwicklung* angelegt.[16]

Das historische Beispiel der Dampfexplosionen weist zweitens auch auf die besondere Interessenbeziehung von unternehmerischen und Ingenieurinteressen hin. Im Kern ist die berufliche Tätigkeit von Ingenieuren auf wirtschaftliches Interesse an neuen technischen Produkten und neuen Verfahren angewiesen. Die Schärfe der daraus entstehenden Konfliktproblematik läßt sich historisch anhand

[15] Vgl. Zimmerli 1987, 101ff.

[16] Vgl. dazu Senghaas-Knobloch in Senghaas-Knobloch/Volmerg 1990, 19f.

einer Denkschrift der Dampfschiffbesitzer vom Januar 1841 gegen das erste Gesetz von 1838 beschreiben. In der Denkschrift wird die Gesetzesklausel kritisiert, „nach der ein Unglück mit tödlichem Ausgang als prima facie – Beweis für Fahrlässigkeit gelten sollte. Man argumentierte, daß es, wenn der Kongreß die Auffassung vertrete, die Dampfschiffahrt sei für die öffentliche Sicherheit zu gefährlich, gerechter und ehrlicher wäre, sie ganz zu verbieten."[17] Die Regelungen zur Verhinderung von Explosionen wurden als Angriff auf die Dampfschiffahrt insgesamt ausgegeben. Für Ingenieure, deren berufliche Existenzmöglichkeit von ökonomischen Investitionen abhängt, wird hier die Spannung zwischen einem in Technik eigenständigen Entwicklungs- und Konstruktionsinteresse und dessen ökonomischer Verwertung deutlich. Ab welchem Zeitpunkt kann die Konstruktion als ausgereift und sicher gelten und der konkrete Einsatz verantwortet werden? Hier ergibt sich für das Verantwortungsbewußtsein ein Konfliktfeld zwischen dem beruflichen *Anspruch auf Umsetzung von kreativen technischen Ideen* und dem beruflichen *Ideal technischer Funktionssicherheit* nach autonomen Maßstäben.

Das Beispiel zeigt drittens, daß es in der Epoche der wissenschaftsgeleiteten industriellen Technik außerordentlich schwierig ist, interne von externer Verantwortung zu unterscheiden. Neben den Kunden gibt es auch jene, die die von den Kunden erworbene Technik nutzen, sei es als Passagiere auf Dampfschiffen, sei es als Arbeitende in der Fabrikhalle oder sei es durch Nutzung infrastruktureller Einrichtungen, wie beispielsweise des Postnetzes. Wenn die Auswirkungen technischer Artefakte auch für Dritte berücksichtigt werden, werden über die Unfall- und Risikoproblematik hinaus andere Gefährdungsdimensionen sichtbar, die mit den sozialen Wirkungsketten zu tun haben: zuvörderst Probleme der Freisetzung von bisher bestehenden Subsistenzmöglichkeiten bzw. beruflichen Positionen und Probleme der Entwertung beruflicher Fähigkeiten und Erfahrungen. In den zwanziger und dreißiger Jahren waren es insbesondere diese beiden Problemlagen, auf die Werner Sombart mit seinem Vorschlag für die Einrichtung eines Obersten Kulturrats zur Zähmung der Technik zählte. Aber auch unter Ingenieurwissenschaftlern hatte sich schon vor dem Ersten Weltkrieg eine Art technisch begründeter Antikapitalismus bemerkbar gemacht.[18] Auf dem Höhepunkt der Wirtschaftskrise schloß sich eine Teilgruppierung unter den Ingenieuren in der Weimarer Republik der von den USA ausgehenden Technokratiebewegung mit der „Technokratischen Union, dem Weltbund der guten Techniker"[19] an. Nach ihrer Überzeugung bedurfte es statt der problematischen politischen Willensbildung

[17] Burke 1975, 314.

[18] Diese Strömungen werden ausführlich von Ludwig 1974, 44 ff., beschrieben.

[19] Ludwig 1974, 55 f.

allein der Durchsetzung sachgerechter Rationalität. Mehr Einfluß als die antimilitaristische und internationale Ausrichtung der Bewegung der Technokraten hatte innerhalb der Weimarer Republik allerdings eine Gruppe von Ingenieuren im Umkreis der nationalkonservativen Zeitschrift „Tat". Die sehr verschiedenen kritischen Strömungen zeigen in jedem Fall, daß sich Ingenieure im Konflikt sehen können zwischen ihrem *beruflichen Innovationsanspruch*, der einer sozioökonomischen Eigendynamik bedarf, und dem *beruflichen Ideal „guter Technik"* als kulturell und gesellschaftlich angemessenem Mittel für ein gutes Leben, dem diese sozioökonomische Dynamik durchaus zuwider laufen kann.

In der historischen Perspektive wird deutlich, daß die berufliche Praxis von Ingenieuren *von Beginn* an durch Konfliktfelder ambivalenter Bestrebungen gekennzeichnet war: Das Bestreben nach Handlungssicherheit widerspricht unter Umständen dem Bestreben nach ständiger Fortentwicklung; der Anspruch auf Umsetzung neuer technischer Ideen kann mit dem Ideal autonom bestimmter Funktionssicherheit in Konflikt treten und das Ideal der guten Technik als Mittel für gesellschaftlich vorgegebene Ziele kann in Spannung zur wahrgenommenen sozioökonomisch-technischen Eigendynamik geraten. In allen Konfliktfeldern verbindet sich die Frage nach dem verantwortlichen Handeln mit dem subjektiven Bild von der eigenen Handlungsmacht bzw. von dem selbst zuerkannten eigenen Handlungsspielraum.

## Verantwortungsbewußtsein und neue Gefährdungen

Nun haben sich in der zweiten Hälfte des 20. Jahrhunderts neben den altbekannten Gefährdungen, mit denen sich wissenschaftlich-technische Fachkräfte auseinanderzusetzen hatten (technische Sicherheitsprobleme und soziale Folgekosten aufgrund der gelungenen Steigerung technisch-ökonomischer Effizienz), zwei weitere Gefährdungsbereiche bemerkbar gemacht, die Schädigung der natürlichen Lebensgrundlagen und die Gefährdungen des menschlichen Selbstbilds. Die Gefährdungen der natürlichen Lebensgrundlagen bilden das klassische Beispiel für die Problematik der nicht intendierten und oft auch nicht vorhergesehenen Folgen technischer Innovation. Ein Beispiel für entsprechende Fehlprognosen wird von W. Müller eindrücklich am Beispiel des Fluorchlorkohlenwasserstoffs (FCKW) illustriert: „Als im Jahre 1928 Chemiker des Automobilkonzerns General Motors erstmals das FCKW synthetisch herstellten, waren sie sich sicher, daß diese chemischen Stoffe nicht nur hervorragende Kühlmittel, sondern aufgrund der Stabilität ihrer Moleküle auch ideale Industriegase waren: ungiftig, unbrennbar, unsichtbar, nicht korrosiv und leicht zu komprimieren (...) Rund 50 Jahre später kam die Wissenschaft zu einem gänzlich anderen Urteil. Die Fluorchlorkohlenwasserstoffe und die ihnen verwandten Verbindungen zerstören als Vorläufer des reaktiven Broms und Chlors in zunehmendem Maße die stratossphärische Ozonschicht".[20]

Angesichts von Atom- und Weltraumforschung hat Hannah Arendt in ihrem Buch Vita Activa schon Ende der fünfziger Jahre das entsprechende Problem eindringlich philosophisch beschrieben, als sie darauf hinwies, daß sich die naturwissenschaftlich-technisch organisierte Forschung und Entwicklung der Natur gegenüber nicht mehr – wie in der Antike – theoretisch anschauend oder auch herstellend verhält, sondern in einem Modus, der dem Handeln zwischen Menschen entspricht. Indem die Naturwissenschaftler der Natur nicht mehr nur Material zur Erforschung und Betrachtung ihrer inneren Gesetze entnehmen und dieses Material auch nicht nur zur Herstellung von endlichen Dingen benutzen, die nach Menschenermessen wieder in den Kreislauf der Natur zurückgeführt werden können, entfesseln sie selbst Vorgänge, die „ohne menschliches Eingreifen sich nie ergeben hätten", veranlassen Vorgänge, „deren Ende ungewiß und unabsehbar sind", leiten Prozesse ein, „die man nicht mehr rückgängig machen kann" und erzeugen Kräfte, die „im Haushalt der Natur nicht vorgesehen sind".[21] Nun sind Unabsehbarkeit und Nichtrückholbarkeit für Hannah Arendt typische Charakteristika der Tätigkeit des menschlichen Handelns. Im Handeln – so Arendt – treten Menschen miteinander in Beziehung. Im Beziehungsgeflecht zwischen Menschen haben die genannten Eigenschaften ihren eigenen Ort und finden dort auch ihre Entsprechungen: Indem Menschen sich gegenseitig etwas versprechen, kann gegen die Unabsehbarkeit in den Angelegenheiten zwischen ihnen gewissermaßen ein Halt gesetzt werden; und die Nichtrückholbarkeit von geschehenen Handlungen zwischen Menschen findet eine Begrenzung ihrer Folgen in der Macht des Vergebens zwischen Menschen. Werden die Eigenschaften der Unabsehbarkeit und der Nichtrückholbarkeit von dem Bereich der Beziehungen zwischen den Menschen auf ihre Beziehungen zur Natur übertragen, so entsteht jene radikal neue Problematik, die seit den achtziger Jahren mit dem Begriff der Risikogesellschaft charakterisiert worden ist.[22]

[20] Müller 1993, 4.

[21] Arendt 1992, 226.

[22] Der Imperativ der Risikogesellschaft ist beispielsweise von Hubert Markl, Naturwissenschaftler und Präsident der Max-Planck-Gesellschaft, in einem Interview mit der Zeitung „Die Welt" vom 1. Juli 1996 plastisch zum Ausdruck gebracht worden, als er auf die Frage nach der Qualität der deutschen Wissenschaftspolitik ausführte: „In allen Parteien ist ein Bewußtsein dafür vorhanden, daß wissenschaftliche Leistungsfähigkeit und innovationsfähige Forschung für die Wettbewerbsfähigkeit entscheidend sind" und im folgenden ausschließlich den internationalen Markt als Maßstab für die Entwicklungsrichtung von Forschung und Technik sowie für die vertretbaren staatlichen Regulierungen nannte; so etwa in der Formulierung: „Nun kann man sich natürlich auf den Standpunkt stellen, die Risiken können gar nicht genug voraus bedacht werden, um so sicherer sei nachher das

Risiken werden bewußt eingegangen, ohne ihr volles Ausmaß überblicken zu können.[23]

Der zweite Bereich neuer Gefährdungen ist mit der Problematik verbunden, daß technische Gegenstände, die die Menschen in ihrem Alltag gebrauchen, nicht nur ihre Welt, sondern auch ihre Subjektivität verändern. Technikhistoriker wie White[24] weisen in einer Langzeitperspektive darauf hin, wie komplex und verästelt Effekte technologischer Veränderungen sind[25]: „Die Abschätzung von Technikfolgen wird in der Tat zu einem Unternehmen von fast erschreckender Dringlichkeit, wenn wir uns bewußt machen, daß unsere intimsten psychischen Strukturen manchmal durch scheinbar unwichtige materiale Innovationen beeinflußt werden können".[26] Das handwerklich-technische Wissen war in seiner unmittelbaren Wirkmächtigkeit überschaubar und kleinräumig. Erst in einer historischen Langzeitperspektive werden Handlungsfolgeketten sichtbar, in denen die soziale Dimension der Technik deutlich wird. Vielen gegenwärtigen technischen Innovationen kommt ein systemischer Charakter zu, also eine Funktionsmächtigkeit im Verbund. Soziale Umwälzungen, die sich auf-grund der Technik alter Provenienz über viele Jahrhunderte erstreckten, werden aufgrund der systemisch geplanten Wirkmächtigkeit neuer Techniken in sehr viel kürzerer Zeit möglich. Während sich früher Veränderungen über viele Generationen hinzogen, hat jetzt schon eine einzige Generation von Menschen mit vielen technischen Umwälzungen zu tun, die in ihr Leben und in ihr Selbstbild eingreifen. Entwicklungen der Informations- und Kommunikationstechnik, der Reproduktionsmedizin und Biotechnologie werden mit dem Ziel vorangetrieben, die raumzeitlichen Begrenzungen menschlicher Existenz weitmöglichst zu überwinden. In der Forschungslandschaft der künstlichen Intelligenz hat die entsprechende Bestrebung ihren radikalsten Ausdruck im umstrittenen Leitbild der „posthumanen Vernunft" gewonnen.[27]

Ergebnis, und wir können mit Erfolg unter besonders hohen Sicherheitsstandards produzieren. Dies wäre in der Tat theoretisch richtig, wenn wir in einer Welt ohne Wettbewerb lebten. Wenn aber die entsprechenden Firmen in England die gleichen Produkte, um die es geht, ein, zwei Jahre früher auf den Markt bringen können, dann bedeutet das spätere Produzieren nicht nur den Verlust von ein bis zwei Jahren, sondern zugleich Marktverlust (...)"

[23] Vgl. hierzu Senghaas-Knobloch 1993.

[24] Vgl. White 1986.

[25] White legt dar, wie die Entwicklung von Kohlefeuerbecken zu Kaminen sich nicht nur auf die Kommunikation zwischen gesellschaftlichen Klassen und Schichten ausgewirkt hat, sondern auch auf die Senkung der Kindersterblichkeit und darüber vermittelt auf die Ermöglichung neuer intensiverer Beziehungen zwischen Eltern und Kindern.

[26] White 1986, 63f.

[27] Marz 1993 hat dieses Leitbild aus den Diskursen der Forscher im Bereich der künstlichen Intelligenz analysiert.

Die gesteigerte Eingriffsmächtigkeit der „neuen kollektiven Praxis“ der Technikentwicklung verändert die Verantwortungssituation, aber auch das Verantwortungsbewußtsein der technisch-wissenschaftlichen Fachkräfte. Je nach dem Ort der eigenen beruflichen Praxis sehen sie sich nicht nur mehr als Akteure bestimmter technischer Entwicklungen, für die sie sich verantwortlich sehen, sondern auch als Betroffene eines gesamtgesellschaftlichen Prozesses, an dessen Entwicklungsrichtung sie zwar mitwirken, ohne sie jedoch bestimmen zu können und verantworten zu wollen. In dieser Situation sind verstärkt seit den siebziger Jahren unter Ingenieuren, insbesondere auch im VDI, aber auch in anderen Fachverbänden, verbindliche Diskussionen über Probleme der Technikbewertung und Technikgestaltung in Gang gekommen. Sie reagieren damit auch auf die Bürgerinitiativen und neuen sozialen Bewegungen, die sich gegen bestimmte technische Projekte oder Entwicklungslinien formiert haben.

Vor diesem Hintergrund haben in der Bundesrepublik in den achtziger Jahren verschiedene Dialogprojekte begonnen, in denen der Versuch gemacht wurde, zwischen technischen Fachkräften und technischen Laien eine konstruktive Auseinandersetzung über Zielsetzungen für und Einwände gegen technische Entwicklungen zu führen. Vom Bundesministerium für Forschung und Technologie initiiert und unterstützt wurden sogenannte Diskursprojekte zu Themen verschiedener Reichweite durchgeführt, deren Federführung in der Hand technisch-wissenschaftlicher Fach- und Berufsverbände lag.[28] Einen anderen Weg haben Birgit Volmerg und ich beschritten, als wir zwischen 1985 und 1987 mit interessierten Ingenieurgruppen in verschiedenen beruflichen Praxisfeldern im technischen Bereich der Informations- und Kommunikationstechnik in einen mehrstufigen Dialog getreten sind.[29] In diesen Dialogen haben wir uns von der Grundannahme leiten lassen, daß es möglich ist, Brücken zwischen beruflicher und gesellschaftlicher Verantwortung zu finden. Wir knüpften daher in unseren Forschungsgesprächen an der doppelten Perspektive der Ingenieure an: Wir vermuteten, daß Ingenieure sich einerseits als Akteure der technischen Entwicklung erfahren und entsprechende Handlungsspielräume sichtbar machen können. Und wir konnten annehmen, daß sie sich andererseits auch als Betroffene der technischen Entwicklung erleben, also selbst Wünsche mit Blick auf die weitere

[28] Siehe dazu zusammenfassend Stransfeld 1991.

[29] Das Vorhaben ist vom Ministerium für Forschung und Technologie durch den Projektträger Humanisierung des Arbeitslebens finanziert worden. Die methodische Anlage und die Befunde sind im Detail in Senghaas-Knobloch/Volmerg 1990 beschrieben; praktische Schlußfolgerungen für die Technikgestaltung sind in Volmerg/Senghaas-Knobloch 1992 dargestellt; siehe auch Senghaas-Knobloch 1993.

Entwicklung und Ausgestaltung von Technik haben. Dies hielten wir für eine gute Bedingung, um in den gemeinsamen Gesprächen Wege zu suchen, wie die technisch innovativen und die sozial innovativen Bestrebungen sich im Interesse einer humanen Gestaltung der Informationstechnik miteinander verbünden können.

Nun ist es entscheidend, daß bei der Diskussion von Verantwortungsproblemen im Ingenieurbereich die spezifischen Charakteristika der verschiedenen Technikbereiche und der verschiedenen beruflichen Praxisfelder von Ingenieuren berücksichtigt werden. Die Dialoge im Rahmen des Diskursvorhabens der Ingenieurakademie Nord[30] ermöglichen es, Problemstellungen, wie sie in unseren Dialogen mit Ingenieuren im Bereich der Informations- und Kommunikationstechnik aufgetaucht sind, mit denen im Bereich der Abfalltechnik, die im Diskursvorhaben der Ingenieurakademie Nord im Mittelpunkt stand, zu vergleichen.

Zu den spezifischen Struktureigenschaften der Informations- und Kommunikationstechnik gehören die Unvollständigkeit und Abstraktheit der informationstechnischen Hardware, die Anpassungsfähigkeit und die Vernetzbarkeit. Die Unvollständigkeit und Abstraktheit der informationstechnischen Hardware hat zur Folge, daß erst mit der mensch- und aufgabengerechten Software zusammen die geforderte funktionale Leistung verfügbar wird. Die Anpassungsfähigkeit verweist auf die hohe Elastizität der informationstechnischen Systeme gegenüber neuen Funktionsanforderungen und die damit verbundene Vielseitigkeit und Unabgeschlossenheit technischer Produktentwicklung. Die Vernetzbarkeit und die Verbindbarkeit der Informationstechnik mit anderen Techniken hat zur Folge, daß einzelne Systemkomponenten über lange Zeitstrecken und an verschiedenen Orten entwickelt und schrittweise zu einem Gesamtsystem ausgebaut werden können. Aus den technischen Eigenschaften der Unvollständigkeit, Anpassungsfähigkeit und Vernetzbarkeit ergeben sich spezielle Gestaltungsanforderungen, nämlich der Handhabbarkeit, der legitimen Zweckbestimmung (als Legitimität der im System bereitgestellten Funktionalitäten für Datenerhebung, Datenverfügung und Datenverarbeitung) sowie der (Arbeits-)Organisation. Charakteristische Gefährdungsbereiche sind im Bereich der Informations- und Kommunikationstechnik, die ungeplanten Veränderungen im beruflich-sozialen Bereich durch hohe Rationalisierungseffekte, im Bereich der menschlichen Kommunikation sowie im Bereich sinnlicher Erfahrungen.

Während die Informations- und Kommunikationstechnik die breite Palette von Grundlagen der Mikroelektronik bis hin zu Problemen der Arbeitsorgani-

[30] Siehe dazu die Beiträge von Frank Vogelsang (57–82) und von Kornelia Werthebach (83–106) in diesem Band.

sation umfaßt und ein Technikfeld ist, in dem die technische Entwicklung in einem allgemeinen Sinn vorangetrieben wird, befaßt sich die Abfalltechnik gerade mit den Folgen der industriegesellschaftlichen Entwicklung. Abfalltechnik soll auf die zunächst unvorhergesehenen Folgen der soziotechnischen Entwicklung eine Antwort geben und muß konkrete Probleme der Lagerung von Abfall und der Vorsorge gegen giftige Emissionen lösen. Wer im Bereich Abfalltechnik tätig ist, hat täglich mit den nichtintendierten Folgen technischer Entwicklung und den sozioökonomischen Voraussetzungen der eigenen technischen Antworten zu tun. Berührt Informations- und Kommunikationstechnik eher soziale Normen, sind es im Fall der Abfalltechnik vor allem Normen der körperlichen Unversehrtheit und Gesundheit.

Abfallprobleme sind in modernen Gesellschaften typischerweise Aufgaben der staatlichen Infrastruktur. Berührungspunkte gibt es hierin mit dem Bereich der Informations- und Kommunikationstechnik in den Infrastrukturnetzen der Post. Weitere Praxisfelder, die zum Infrastrukturbereich gehören, sind die, in denen Bauingenieure tätig sind, sei es beispielsweise im Bereich der Trinkwasserreservoirs oder der Flußstauungen. Hanns-Peter Ekardt[31] weist mit Recht darauf hin, daß Ingenieure, die in diesem Bereich tätig sind, gewissermaßen in einer intermediären Zone tätig sind, wo civil society und Staat sich überlappen und das notwendige vorausschauende Denken in die zukünftige Bedarfslage des Gemeinwesens umfassend-abwägende Urteile zur Voraussetzung für gelingende Aufgabenerfüllung macht.

Die beruflichen Praxisfelder, in denen Ingenieure tätig sind, sind also näher oder ferner mit den konkreten Bedürfnislagen von Menschen verbunden. Wer im Bereich der Forschung über Galliumarsenid tätig ist, um Grundlagen für noch leistungsfähigere Chips zu erarbeiten, hat mit den konkreten Nutzern einer Technik sehr viel weniger zu tun, als derjenige, der beispielsweise im Bereich der Kundenberatung für bestimmte Produkte, Anlagen und Verfahren tätig ist. Die konkrete berufliche Position und die Art der Wahrnehmung dieser Position bestimmen mit, welche Sicht auf Problemlagen und die eigene Verantwortlichkeit eingenommen wird. Dies soll im folgenden entfaltet werden. Die dazu herangezogenen Äußerungen von Ingenieuren sind den Wortprotokollen der Dialoge mit Ingenieurgruppen im Bereich der Informations- und Kommunikationstechnik und den Teilnehmenden am Diskurs der Ingenieurakademie Nord zur Abfallproblematik entnommen.



[31] Vgl. Ekardt 1995.

## Berufspraxis von Ingenieuren in der Selbstreflexion

Wer mit Ingenieurinnen und Ingenieuren über ihre Möglichkeiten zur sozialverträglichen und ökologischen Technikgestaltung sprechen will, setzt voraus, daß sie sich als Akteure[32] verstehen. Inwieweit diese Voraussetzung gegeben ist, muß aber selbst Gegenstand des Dialogs sein. Wer sich weniger als Ingenieur denn als Arbeitnehmer wie alle anderen auch versteht, läßt sich auf die eigenen Möglichkeiten zur Einflußnahme schwer ansprechen. In einem gewerkschaftlichen Arbeitskreis von Ingenieuren, die an verschiedenen Aufgaben der Teilentwicklung, Anpassung und Prüfung von Betriebssystemen und Computerprogrammen zu tun hatten, trafen wir auf eine Haltung, aus der heraus die aktive Mitgestaltung abgelehnt wurde. Getragen war diese Haltung von der Wahrnehmung, selbst eher Objekt und Opfer technischer Rationalisierung zu sein als verantwortlicher Akteur. Die eigenen Schutzbedürfnisse, die diese Gruppe von Ingenieuren ja in den gewerkschaftlichen Arbeitskreis zusammengeführt hatten, waren schwerwiegender als das Interesse an leistungsfähigen und komfortablen informationstechnischen Systemen als Arbeitsmittel, das dem beruflichen Ingenieurideal entspräche. So findet es sich in der folgenden Äußerung eines Ingenieurs, in der es um die Ausstaltung mit genügend guten Arbeitsmitteln geht:

> „Da bin ich ganz dagegen, daß man sozusagen die Sichtweise des Unternehmens anwendet... Ich möchte mal ein Beispiel nehmen... Wenn es also einen Engpaß gibt an der Maschine, an den Terminals, und man fordert mehr Terminals und bessere, dann kommt man nicht raus. Ich hab das selber gemacht, ich Idiot... Noch mehr Entwicklungssysteme gefordert, die haben sofort angeschafft. Das war also einen Schritt zurück. Zum Schluß mußte man pausenlos dahin, der Druck wurde deswegen nicht besser."

In den Diskussionen dieser Ingenieure ließ das Kapitalverwertungsinteresse keinen Handlungsspielraum, das erlaubt hätte, sich als gestaltungsmächtig zu begreifen. Entsprechend konzentrierten sich die Überlegungen der Ingenieurgruppe darauf, wie andere Techniker und Ingenieure im Arbeitnehmerstatus aus ihrer Illusion persönlicher Handlungsmächtigkeit herausgeholt werden können, um einen gemeinsamen Schutz gegen Mehrbelastung durchzusetzen. Mit der Integration des Ingenieurideals für eine gute Technik in die Schutzinteressen von Arbeitnehmern war diese Gruppe von Ingenieuren überfordert. Wer sich selbst ohne Einfluß sieht, kann keine Verantwortung übernehmen, nicht in der eigenen Firma und nicht für die Produkte dieser Firma. Mit Blick auf das oben erwähnte

[32] Siehe dazu die ausführlichen Interpretationen bei Volmerg 1990.

Konfliktfeld zwischen dem Ingenieurbestreben nach guter Technik als Mittel für gesellschaftliche Ziele und der sozioökonomischen Eigendynamik zeigt sich hier, daß die Erfahrung der sozioökonomischen Eigendynamik zur Preisgabe – oder doch zumindest zur Zurückdrängung – des beruflichen Ideals der guten Technik geführt hat. Das Verantwortungsbewußtsein hat sich auf die Rolle als Arbeitnehmer konzentriert.[33]

Nun finden sich durchaus andere gewerkschaftlich engagierte Ingenieurgruppen, die den Anspruch auf Innovation nicht aufgegeben haben.[34] Ihr gewerkschaftliches Engagement geht mit einer tiefgehenden Reflexion über Probleme der Technikentwicklung zusammen, in die sie sich als Akteure verwickelt sehen. In einer gewerkschaftlich engagierten Ingenieurgruppe, die sich mit der Entwicklung neuer digitalisierter Vermittlungssysteme befaßt, wurden in diesem Sinn sehr weitreichende Gefährdungsanalysen im Bereich der Informations- und Kommunikationstechnik angestellt. Dazu gehörte die scharfe These, daß die neuen Kommunikationstechniken die (lebendige) Kommunikation töte, mit Gefahren der sozialen Isolation verbunden sei und bei bestimmten Anwendungen auch mit erhöhten Sicherheitsgefährdungen zusammenginge. Zugleich wurde aber auch die subjektive Seite der Innovation mit dem Begriff der Innovationslust angesprochen, so in dem folgenden Wortwechsel:

> „Ich glaube, daß das wirklich ein Problem ist..., daß bei einigen technischen Systemen – und ich glaube fast: bei allen – man zwar irgendwie einen Kundenwunsch oder einen Anwenderwunsch im Kopf hat... und jetzt fängt man an zu entwickeln, und während der Entwicklung baut man immer neue Anwenderwünsche hinein, die man selber produziert. Der Entwickler produziert selber diese Wünsche...
> Der Ingenieur denkt sich unheimlich viel tolle Ideen aus. Das macht Spaß, was Neues zu erdenken. Der denkt gar nicht, braucht man das eigentlich? Es macht Spaß, und dann versucht er, andere zu überzeugen, daß du das unbedingt brauchst, aber brauchen tut mans eigentlich nicht. Und die Firmen wollen was produzieren und verkaufen. Und das deckt sich dann mit dem Interesse des Ingenieurs. Und so kann die Firma die Interessen des Ingenieurs mit einbinden... Selbstverständlich ist er mit verantwortlich, weil er ja selber seine Ideen mit einbringt..."

Wer beruflich engagiert als Ingenieur in der Entwicklung tätig ist, kann sich seiner eigenen Innovationslust bewußt sein. Da man sich des eigenen Einflusses in

[33] Diese Haltung war insbesondere in Ingenieurarbeitskreisen der IGM zu finden.

[34] Sie waren vor allem im AIN organisiert.

der technischen Entwicklung bewußt ist, wird auch die eigene Verantwortlichkeit gesehen, was sich in einer distanzierenden Redeweise vom Ingenieur in der 3. Person äußert. Es bleibt die Frage, in welcher Weise die Bestrebungen nach einer guten, d. h. hier einer mensch- und sozialverträglichen Technik mit der Innovationslust verantwortungsbewußt in Einklang gebracht werden können. Eine dramatische Form der Verarbeitung der zwei entgegengesetzten Bestrebungen zeigt sich in einem unglücklichen Bewußtsein inneren Gespaltenseins, so in der folgenden Äußerung:

> „Als Ingenieur sage ich ‚ja', als Mensch ‚nein' zur Informations- und Kommunikationstechnik."

Wer keine Chance sieht, seine technischen Kompetenzen mit den sozialen Kompetenzen zu integrieren, erlebt sich selbst als in einem tiefen Zwiespalt befindlich. Nicht selten werden verschiedene Positionen eingenommen, um mal der einen, mal der anderen Bestrebung Nachdruck verleihen zu können. Neben der Tätigkeit als Entwickler kann man zugleich auch betriebsrätlich engagiert sein, oder in einer Bürgerinitiative. Wer aber die Spaltung schmerzlich an sich erlebt, neigt dazu, die eine oder die andere Bestrebung abzuwerten. In dem gewerkschaftlich engagierten Ingenieurkreis von Entwicklern, von dem soeben die Sprache war, gab es die bitterböse Redewendung von der „Ingenieur/Mensch-Schnittstelle" und die kontrafaktische Tendenz, sich selbst die sozialen Kompetenzen abzusprechen oder als unausgeprägt und unterentwickelt darzustellen.

Anders die jungen erfolgreichen Ingenieure in Forschungs- und Entwicklungsabteilungen, die in der Industrie oder in Forschungsinstituten oft an leitender Stelle tätig sind. In Gruppen, die mit diesem Praxisbereich verbunden waren, wurden die Ideale formuliert, die beruflich beflügeln. Das folgende ist ein Ausdruck davon:

> „Ich glaube, in jedem von uns ist der Wunsch drin, irgendwo nach höherer Leistung. Ob das ein Sportler ist – der möchte ja auch besser, schneller sein als derjenige, der vor ihm ist… so glaube ich auch, daß wir irgendwo den Anspruch haben – wobei natürlich die Werte und Ziele von jeder Generation neu definiert werden – aber daß wir es doch einfacher, leichter, schöner haben. Und um das zu erreichen, schaffen wir uns Hilfsmittel. Und – wie gesagt – die Hilfsmittel, die versuchen wir Techniker dann auch wieder zu verbessern, leistungsfähiger zu machen und versuchen dann halt auch, ja wirklich elegante, noble Lösungen zu finden, die wieder irgendwo als Krone zumindest für den Augenblick gelten."

Der Wunsch nach höherer Leistung, besser zu sein, schneller zu sein, ist ein Wunsch, welcher Bewegung zum Inhalt hat. So ist der Vergleich mit dem Leistungssportler nicht zufällig. Die psychische Interessiertheit, die hier zum Ausdruck kommt, kann Grenzen nicht anerkennen. Was sich dem Bewegungsdrang entgegenstellt, muß vielmehr zur Herausforderung werden, um auch dies zu überwinden. Entsprechend heißt es in einer Diskussion von Ingenieuren, die mit einem neuen Typ der Werkstattprogrammierung zu tun hatten:

> „Ich kann mir also nicht vorstellen, daß man irgendwo hinkommt und sagt: So, es ist Feierabend, es geht nicht mehr, wir wollen nicht mehr, wir können nicht mehr. Ne, genau anders herum: wenn irgendwas nicht geht, dann werde ich mich bemühen, etwas zu finden, daß es eben doch noch geht."

Im Weltbild dieser Bestrebung gibt es keine unverrückbaren Grenzen, nicht nach außen und nicht nach innen. Die Bedeutung dieses Weltbilds wird in keiner Diskussion unter Ingenieuren bestritten. Die Lust an Innovation und die persönlichen Leidenschaften lassen sich aber nur im Zusammenspiel mit wirtschaftlichen Interessen umsetzen. In dieser Perspektive zeigt sich nun allerdings die scheinbar höchste autonome Aktivität als eine Anpassung an einen Prozeß, für dessen eingeschlagene Richtung niemand verantwortlich zeichnet. Entsprechend heißt es in einer Diskussion von Ingenieuren in Forschung und Entwicklung der Informationstechnik:

> „... Wir werden getrieben und gedrückt ..., von außen. Wir sind weg vom Fenster, wenn wir es nicht genauso machen. Und so ist das ein Prozeß, der sich eigentlich von selbst ergibt ... Die primäre Zielsetzung ist, daß man wettbewerbsfähig bleibt."

In dieser Perspektive wird das Bestreben nach Umsetzung technischer Ideen mit der Anpassung an die sozioökonomische Eigendynamik gleichgesetzt. Wer an der Spitze der technischen Entwicklung diese vorantreibt, sieht dort keinen Platz für ein Verantwortungsbewußtsein im Sinne eines moralischen Bewußtseins. Unvermeidlich gilt jedes konstruktive Tun auch als ein zerstörerisches Tun für das Bestehende, so in der folgenden Äußerung eines Ingenieurs in der Werkstattprogrammierung:

> „Ja, wenn ich mir Gedanken mach, ich kann mir kein Tätigkeitsfeld vorstellen, wo nicht auch irgendwelche negativen Aspekte mit reinkommen. Und also, entweder ich verzweifle daran, und ich hol' mir einen Strick und spring in die Isar, oder – aber dann hat sich das Problem ja auch nicht gelöst. Und in dem Dilemma leben wir wohl, daß wir immer, egal was wir machen, feststellen, wir fügen auch uns oder uns als Volkswirtschaft oder hier als Bürger auf diesem Planet ... Schaden zu durch unser Dasein, durch unsere Handlungen. Und es ist nur die Frage, wie groß der ist, der Schaden."

Aus diesem Blickwinkel macht es keinen Sinn, sich antizipativ mit möglichen negativen Aspekten des eigenen Tuns zu befassen. Wer sich darauf einläßt, müßte möglicherweise daran verzweifeln. In jedem Fall würde er seine Position an der Spitze der Entwicklung verlieren. Gerade, wer die technische Entwicklung von innen heraus mitbeeinflussen will, fürchtet einen Machtverlust, wenn das eigene Tun umfassend reflektiert wird.

In den verschiedenen Praxisfeldern als Ingenieur werden also verschiedene Weisen nahegelegt, wie mit den zwei Seiten des Verantwortungsbewußtseins umgegangen werden kann. Sie umfassen die bewußte Distanzierung von der Rolle des aktiven Ingenieurs, die Spaltung in eine distanzierende und eine identifizierende Haltung zur Berufsrolle und die Identifizierung. In keinem dieser Wege ist die Integration der beiden Dimensionen des Verantwortungsbewußtseins im Sinne reflektierter Handlungsmacht gelungen.

In den Dialogen zeichnen sich allerdings auch Möglichkeiten für eine Integration ab. Solche Möglichkeiten finden sich zum einen in einer Sichtweise, die das eigene und das kollektive Handeln vor einem größeren Horizont betrachtet, größer in der Zeitperspektive und größer mit Blick auf den Kranz der in die Betrachtung einbezogenen Werte. Möglichkeiten werden zum anderen mit der Frage angesprochen, wie es zu guten Entscheidungen bei der Festsetzung von Technik betreffenden Normen im juristischen und im technischen Sinn kommen kann. Geht es in einem Fall eher um die Haltungen, mit denen sich die einzelnen des Problems der Technikbewertung in angemessener Weise annehmen können, geht es im anderen Fall um die Frage, wie politische Gemeinwesen ihre Entscheidungsprozesse über Normen gestalten sollten.

## Der erweiterte Handlungshorizont

Es sind – wie erwähnt – nicht zufällig oft Ingenieure im Praxisfeld Beratung, die sich in besonderer Weise mit dem Problem der Integration fachlicher und moralischer Aspekte ihres Handelns auseinandersetzen. Als Berater bewegt man sich in einem sozialen Feld, in dem widersprüchliche Kräfte wirksam sind und ausgeglichen werden müssen. Die Beratung von Betrieben und Unternehmen findet in vielerlei Gestalt statt. Die Unternehmensberatung bildet einen eigenen Wirtschaftszweig mit dem ihm eigenen Berufskodex für Beratende Ingenieure. Neben dieser privatwirtschaftlich organisierten Beratung findet sich staatlich geförderte Beratung beispielsweise im Zusammenhang mit den Instrumenten staatlicher Technikförderung und Umsetzungsprojekten an Zentren des VDI, und schließlich haben Hersteller technischer Systeme selbst ein Interesse, die Verkaufszahl ihrer Systeme durch geeignete Beratungsleistungen und besondere Anpassungsentwicklungen zu erhöhen. Das Kräftefeld, in dem Berater sich bewegen, wird von einem Kundenberater der Informationstechnik akzentuiert so ausgedrückt:

> „Die Beraterfunktion setzt primär im Auftrag eines Unternehmens ein, d. h. um ein bestimmtes Unternehmensziel zu verfolgen; und zwar sogar zwei Unternehmensziele, nämlich des Unternehmens, für das man tätig ist, und das eigene. Davon lebe ich, daß die Firma bei meinem Kunden Umsatz macht. Und ich hab letztlich darüber hinaus noch dafür zu sorgen, daß ich meine persönliche Qualifikation mit einbringe, mein Gesicht bewahre ..., daß es nicht heißt: Verkaufsstrategie voll erreicht, nur sehen lassen darf ich mich bei dem Kunden nicht mehr."

In dieser Situation kommen die persönliche Haltung, das heißt auch die Werte, die Beraterinnen und Beratern wichtig sind, unabdingbar in das berufliche Handeln hinein. In den Dialogen und Diskursen besteht eine Chance, sie zu reflektieren und moralische Dilemmata zwischen verschiedenen Werten offenzulegen. In dieser Weise äußert sich beispielsweise ein Berater im Diskurs zur Abfallproblematik:

> „Ich bekomme eine Anfrage von einem potentiellen Auftraggeber. Ich muß ein Angebot abgeben, und ich muß bestimmte Rahmenbedingungen erfüllen. Und jetzt ... Meine Vorstellungen stimmen nicht mit denen des Auftraggebers überein. Nun habe ich überlegt, wie gehe ich im Alltag damit um ... Üblicherweise versuche ich einfach nur, meine eigenen Wertevorstellungen bezogen auf dieses Projekt oder auf den Themenbereich, der abgehandelt werden soll, dem Auftraggeber darzulegen. Und die Wertevorstellung projektbezogen und auch über das Projekt hinausreichend – gehe ich davon aus, daß sie vom Grundsatz her bei allen Menschen gleich sind, daß die Wertevorstellungen die gleichen sind, daß aber bestimmte Eigeninteressen die Wertevorstellung der einzelnen dann ausschalten ... Also ich möchte meine eigenen Wertevorstellungen darlegen und dabei gleichzeitig auch meine eigenen Wertevorstellungen und -überzeugungen hinterfragen, d. h. in einem Diskussionsprozeß. Es muß auch nicht nur der Auftraggeber sein, es kann auch im Projektteam sein ... Alles in allem habe ich überhaupt keine Patentrezepte, wie man ökologisch vernünftig umgehen kann, denn es gibt zum Beispiel auch Situationen, wo erst mal eine ökologische Bedenklichkeit entstehen kann bei bestimmten Aufträgen ... Und es können dann tatsächlich auch Aufträge verloren gehen und davon sind eventuelle Mitarbeiterinnen und Mitarbeiter betroffen. Vielleicht kann man auch so einen Auftrag annehmen und dann entsprechend im Rahmen der Auftragsbearbeitung noch eine bestimmte Funktion ausüben, in die Richtung umzulenken ... Für mich ist eigentlich nur

wichtig, daß ich morgens in den Spiegel gucken kann ohne ein schlechtes Gefühl dabei zu haben."

Es ist deutlich, daß in der Beratungssituation die Art und Weise, wie der Berater sich mit seiner Person einbringt, von Bedeutung ist. Sein Gesicht zu bewahren und morgens in den Spiegel gucken zu können, ohne ein schlechtes Gefühl dabei zu haben, sind zwei Ausdrucksweisen dafür, daß gerade in der Beratungspraxis ein erweiterter Horizont nahegelegt wird. Kurzfristige Wirtschaftlichkeitsinteressen mit Blick auf die eigene Firma oder auch auf die des Auftraggebers müssen abgewogen werden gegen die Chance, auch zu einem späteren Zeitpunkt noch als guter Berater von Kunden und Mitarbeitern wahrgenommen zu werden. Die Güte der Beratung wird auch von Menschen bewertet, die bei dem eigentlichen Beratungsvorgang nicht präsent waren. Ihre möglichen Bedürfnisse und Interessen müssen mit berücksichtigt und bei möglichen Entscheidungen mit abgewogen werden. Die Beratungssituation ist sozial so dimensioniert, daß real oder imaginativ die Bedürfnisse, die Interessen und die Werte jener einbezogen werden müssen, die potentiell von der Beratung und der ihr folgenden Entscheidung betroffen sind. Diese soziale Dimensionierung des beruflichen Praxisfeldes der Beratung kann daher auch Anhaltspunkte dafür geben, wie es in den verschiedenen beruflichen Praxisfeldern von Ingenieuren gelingen kann, fachliche und moralische Aspekte zu integrieren.

> „Es kommt darauf an, die einzelnen, insbesondere auch durch entsprechende Rahmenbedingungen, darin zu stärken, daß eine längere Zeitperspektive eingenommen werden kann und ein erweiterter Wertehorizont präsent ist. Ich bin nun mal Techniker, und in der Spanne, was die Politik mir als Rahmen vorgibt… und Vater, der Kinder in die Welt gesetzt hat, der sich natürlich auch Sorgen macht",

hatte ein Ingenieur in dem Diskurs zur Abfallproblematik geäußert und damit die Möglichkeit aufgewiesen, sich in einer Weise auf die Berufsrolle einzulassen, in der weder fachliche, noch politische, noch moralische Kompetenz verloren geht.

Der andere Weg zur Integration betrifft die Art und Weise, wie sich politische Gemeinwesen Technikregulierungen geben, also welche Kompetenzen, Bedürfnisse und Interessen in die Entscheidungen einbezogen werden. Am historischen Beispiel der Vorschriften für Dampfkessel ist deutlich geworden, daß in der Bundesrepublik zwei verschiedene Rechtsnormsysteme entstanden sind, nämlich neben dem gesetzlich-rechtsförmigen eine Normierung, die als Regeln oder Stand der Technik auf naturwissenschaftlichem Sachverstand beruht.[35] Die berufsprak-

[35] Vgl. dazu Wolf 1987.

tische Bedeutung von Normen erwies sich im Spannungsfeld zwischen Gewährleistung von Handlungssicherheit gegenüber Hemmung einer angemessenen Umsetzung neuer Erkenntnisse und Fortschritte. In den Diskursen zur Abfallproblematik zeigte sich die tiefe Bedeutung dieser Spannung. Am Beispiel einer DIN-Norm zur Flachdachauslegung wurde die zugrundeliegende höchst problematische Berechnung der angenommenen Regenwassermenge kritisiert (aufgrund eines als zu kurz erachteten Zeitraums). Was rein technisch zu sein scheint, zeigt sich bei näherer Betrachtung als eine Wertentscheidung, so die Überlegung der Ingenieure. Das gilt in noch stärkerem Maße mit Blick auf die Kritik, die an der Technischen Anleitung Siedlungsabfall geübt wurde. Hier wurde unter anderem die mangelnde Einbeziehung des Kriteriums der Sozialverträglichkeit moniert. Wenn Entsorgungsgebühren steigen, obwohl – vor allem durch das Sortieren des Mülls – die Vorleistungen derjenigen, die die Gebühren zu zahlen haben, immer größer werden – so die Kritik –, sei dies nicht nachvollziehbar und führe zu Umsetzungsdefiziten. Zur Diskussion gestellt wurde auch, ob das Ziel der Abfallvermeidung, das mit dem Kreislaufwirtschaftsgesetz verbunden worden ist, aber ohne zusätzliche Vielzahl von Verordnungen nicht wirksam werden kann, nicht viel effektiver über eine maßvolle $CO_2$-Besteuerung hätte erreicht werden können. In den Diskursen zum Abfallproblem wurde eine Fülle weiterer Beispiele genannt, die alle in die Forderung mündeten, daß bei der Erarbeitung von Normen in diesem Bereich sehr viel mehr Achtsamkeit und Sorgsamkeit nötig sei.

Mit Blick auf die Interaktion, also die Beziehungsdimension, die neben der inhaltlichen Dimension in einem Diskurs zum Tragen kommt, ist es beachtlich, daß von Ingenieurseite die Forderung kommt, auch diejenigen, die die Rahmenbedingungen vorgeben, möchten doch bitte auch auf die Wirkungen ihrer Entscheidungen achten und mögen – wie es hieß – „die Wirkung auf zukünftige Entwicklungen" bedenken, wirtschaftlich und politisch, „daß man also immer guckt, wie wirkt das. Das ist eigentlich selbstverständlich und müßte eigentlich bei jedem Gesetz und bei jeder Entscheidung auf politischer Ebene gemacht werden."

Das Gebot der – wie gesagt wird – „Handlungsfolgenabschätzung" oder – wie man auch sagen könnte – Politikfolgenabschätzung, das hier an die Adresse der Gesetzgeber, aber auch der politischen Exekutive gerichtet worden ist, entspricht dem Gebot, das den Ingenieuren mit Blick auf Technikfolgenabschätzung seit den siebziger Jahren vertraut ist. So wie in der Technikfolgenabschätzung selbstverständlich nicht in erster Linie Techniker, sondern gerade Personen mit anderer Kompetenz tätig sind, äußern hier Ingenieure aus ihrer beruflichen Praxis heraus Kritik an den Wirkungen bestimmter gesetzlicher oder politischer Vorgaben, denen sie zu folgen haben. Aber dies ist offenbar nicht einfach eine Retourkutsche gegenüber Forderungen und Technikfolgenabschätzung. Viel eher weist beispielsweise der Vorschlag für ein „Planfeststellungsverfahren" für Gesetze ähnlich wie bei einer „Planfeststellung für eine Deponie" darauf hin, daß die eigene berufliche Praxis Erfahrungen beinhaltet, die auch auf andere Zusammenhänge als übertragbar erscheinen. Eine Deponie muß für einen längeren Zeitraum geplant werden. Wer damit zu tun hat, weiß oder hat vielleicht auch durch alte Fehler gelernt, daß der Zeit-, aber auch der Werte- und Interessenhorizont angemessen weit gezogen werden muß. Nun verkennt der Vorschlag für ein Planfeststellungsverfahren für Gesetze zwar, daß dem Vorgang der Gesetzgebung in der Regel ein langwieriges Verfahren der Konsultation mit Verbänden und Interessengruppen vorgeschaltet ist. Offenbar werden jedoch die dadurch erreichten Resultate noch nicht als angemessen beurteilt. Dem Vorschlag liegt das Motiv zugrunde, engagierte Bürger mit in die Beurteilungsprozesse einzubeziehen. Es geht also um Ansätze für die neue Art und Weise der Regulierungspolitik. Die vielfältigen Wirkungsketten von Standards und Normen können nicht mehr von einzelnen Fachgruppen allein überschaut werden. Die geplante Einbeziehung aktiver Bürger ermöglicht es Fachleuten, ihre berufliche Verantwortung besser wahrzunehmen.

Auch im Dialogprojekt mit Ingenieuren aus der Informations- und Kommunikationstechnik entstand die Idee, Foren zu schaffen, Foren, auf denen Skepsis, Vorsicht, Unwillen, und fachlich-konstruktive Kompetenz zur Technikentwicklung und -regulierung sich wechselseitig Gehör und Anerkennung verschaffen können und damit an der gesamtgesellschaftlichen Entwicklungsrichtung beteiligt werden. Solche Foren werden in den Unternehmen und in der allgemeinen Öffentlichkeit gebraucht.[36] Solche Foren wären Orte, an denen die unvermeidlich weiter fortschreitende Arbeitsteilung in Wissenschaft, Forschung und Technik so weit zurückgenommen werden kann, daß mit Blick auf die gemeinsame Zukunft voneinander gelernt wird. Dieses Lernen ist allerdings nicht nur eine Angelegenheit des Kopfes. Verantwortungsbewußtsein kann sich da in seiner Zweiseitigkeit als Kompetenz- und Moralanspruch entfalten, wo es möglich ist, in einem Beurteilungs- und Entscheidungsprozeß auch Gefühlen der Verbundenheit, Gefühlen der Sozialität, Gehör zu schenken. Es ist dies, das dem Ingenieur gelang, der sein Verantwortungsbewußtsein mit den Worten ausdrückte: „ich bin Techniker und ich bin auch Vater." Hier geht es aber nicht mehr nur um Ingenieurverantwortung sondern um das politische Verantwortungsbewußtsein von Ingenieuren als Bürgerinnen und Bürgern. Ingenieurverantwortung kann offenbar gar nicht mehr eingelöst werden, wenn nicht zugleich auch die politische Bürgerverantwortung wahrgenommen wird, ob auf der Ebene der Kommune oder auf globaler

[36] Das bundesdeutsche Parlament hat sich mit der Einrichtung des Büros für Technikfolgenabschätzung in Ansätzen solch ein Forum geschaffen.

Ebene. Dabei ist es wie immer im politischen Bereich. Es geht zugleich um Handeln am konkreten Projekt und an den Rahmenbedingungen, innerhalb derer gestaltet wird.

## *Literatur*

Arendt, Hannah (1987): Collective Responsibility, in: James W. Bernauer (ed.): Amor Mundi: Explorations in the Faith and Thought of Hannah Arendt, Boston/Dordrecht/Lancaster, S. 43–50.

Arendt, Hannah (1992): Vita activa oder Vom tätigen Leben, München.

Burke, John G. (1975): Kesselexplosionen und bundesstaatliche Gewalt in den USA, in: Karin Hausen/Reinhard Rürup (Hg.): Moderne Technikgeschichte, Gütersloh, S. 314–336.

Dierkes, Meinolf/ Knie, Andreas / Wagner, Peter (1988): Die Diskussion über das Verhältnis von Technik und Politik in der Weimarer Republik, in: Leviathan, Jg. 16, Heft 1, S.1–22.

Ekardt, Hanns-Peter (1995): Ingenieurverantwortung in der Infrastrukturentwicklung – neu beleuchtet im Lichte des Civil Society-Diskurses, in: Ernst H. Hoff/ Lothar Lappe (Hg.): Verantwortung im Arbeitsleben, Heidelberg, S. 144–161.

Hintze, Otto (1964): Wirtschaft und Politik im Zeitalter des modernen Kapitalismus, in: ders.: Soziologie und Geschichte. Gesammelte Abhandlungen zur Soziologie, Politik und Theorie der Geschichte, Göttingen, S. 427–452.

Hoff, Ernst-H. (1995): Berufliche Verantwortung, in: Ernst-H. Hoff / Lothar Lappe (Hg.): Verantwortung im Arbeitsleben, Heidelberg, S. 46–63.

Hortleder, Gerd (1974): Das Gesellschaftsbild des Ingenieurs. Zum politischen Verhalten der technischen Intelligenz in Deutschland, Frankfurt/Main.

Jonas, Hans (1987): Wertfreie Wissenschaft und Freiheit der Forschung, in: Universitas, Heft 10, S. 983–1002.

Ludwig, Karl-Heinz (1974): Technik und Ingenieure im Dritten Reich, Düsseldorf.

Ludwig, Karl-Heinz (unter Mitwirkung von Wolfgang König) (Hg.) (1981): Technik, Ingenieure und Gesellschaft. Geschichte des Vereins Deutscher Ingenieure 1856–1981, Düsseldorf.

Lundgreen, Peter (1981): Die Vertretung technischer Expertise im „Interesse der gesamten Industrie Deutschlands“ durch den VDI 1856–1890, in: Karl-Heinz Ludwig (Hg.): Technik, Ingenieure und Gesellschaft. Geschichte des Vereins Deutscher Ingenieure 1856–1981, Düsseldorf, S. 67–132.

Mai, Manfred (1989): Die Bedeutung des fachspezifischen Habitus von Ingenieuren und Juristen in der wissenschaftlichen Politikberatung, Frankfurt/M. / Bern / New York / Paris.

Markl, Hubert (1996): „Wir Deutsche sind heute zu risikofürchtig“, Interview in: Die Welt vom 1. Juli, S. 9.

Marz, Lutz (1993): Mensch, Maschine, Moderne. Zur diskursiven Karriere der „posthumanen Vernunft“, Paper des Wissenschaftszentrums Berlin für Sozialforschung, FS II 93–107.

Müller, Wilfried (1993): Keine Technikgestaltung ohne Technikfolgenabschätzung – methodische Probleme einer arbeitsorientierten Softwaregestaltung, in: Wilfried Müller/Eva Senghaas-Knobloch (Hg.): Arbeitsgerechte Softwaregestaltung. Leitbilder, Methoden, Beispiele, Münster/Hamburg, S. 39–51.

Ropohl, Günter (1996): Ethik- und Technikbewertung, Frankfurt/M.

Rüstow, Alexander (1951): Kritik des technischen Fortschritts, in: Ordo, Bd. 4, S. 373–407.

Senghaas-Knobloch, Eva (1993): Lust und Unlust am technischen Fortschritt, in: Informatikforum, Band 7, Nr. 1–2, S. 15–22.

Senghaas-Knobloch, Eva/Volmerg, Birgit (1990): Technischer Fortschritt und Verantwortungsbewußtsein. Die gesellschaftliche Verantwortung von Ingenieuren, Opladen.

Sombart, Werner (1928): Der moderne Kapitalismus. Band 3, München/Leipzig.

Sombart, Werner (1934): Deutscher Sozialismus, Berlin.

Stransfeld, Reinhard (1991): Neue Wege in der Technikfolgenabschätzung. Diskurse zur Informationstechnik, in: VDI/VDE Technologiezentrum Informationstechnik. Diskurse zur Technikfolgenabschätzung der Informationstechnik. Jahresband 1990, Berlin, S. 3–16.

Volmerg, Birgit (1990): Die Moral des Ingenieurs und die Ethik technischen Handelns – sozialpsychologische Überlegungen zur Gestaltbarkeit der Technik durch den Wandel kultureller Werte, in: Eva Senghaas-Knobloch/Birgit Volmerg 1990, S. 111–123.

Volmerg, Birgit/Senghaas-Knobloch, Eva (1992): Technikgestaltung und Veranwortung. Bausteine für eine neue Praxis, Opladen.

White, Lynn (1986): Technikfolgen-Abschätzung aus der Sicht eines Historikers, in: Meinolf Dierkes/Thomas Petermann/Volker von Thienen (Hg.): Technik und Parlament. Technikfolgen-Abschätzung: Konzepte, Erfahrungen, Chancen, Berlin, S. 47–72.

Wolf, Rainer (1987): Zur Antiquiertheit des Rechts in der Risikogesellschaft, in: Leviathan, Jg. 15, Heft 3, S. 357–391.

Zimmerli, Walther Ch.(1987): Wandelt sich die Verantwortung mit dem technischen Wandel?, in: Hans Lenk/Günter Ropohl (Hg.), Technik und Ethik, Stuttgart, S. 92–111.

# II.
# Das Diskursprojekt
# und die Diskurstheorien

Frank Vogelsang

# Konzepte und Methoden von Ingenieurdiskursen

## 1. Einleitung: Voraussetzungen und Rahmenbedingungen von Ingenieurdiskursen

Die Fragen der Technikgestaltung gewinnen mit der stetig wachsenden Dominanz technischer Geräte und Produkte im Alltag und in der Berufswelt an Bedeutung. Im gleichen Maße stellt sich die Frage nach Steuerungsmöglichkeiten, damit Fehlentwicklungen verhindert und gewünschte Entwicklungen gefördert werden können.

Ingenieurdiskurse sind als ein Versuch zu verstehen, sich diesen Fragen mit einer praxisnahen Methode der Technikethik zu stellen. Sie streben eine Reflexion der Werte und Ziele im Umgang mit der Technik an, eine Erweiterung also der klassischen ingenieurwissenschaftlichen Perspektive, die vornehmlich auf technikimmanente Kriterien wie Effizienz ausgerichtet war.[1] Dabei sind neben den Sachsystemen selbst sowohl der Bereich der Technikentstehung als auch der der Technikanwendung mit in den Blick zu nehmen.[2]

Angesichts der Bedeutung technischer Artefakte in der modernen Gesellschaft ist leicht nachzuvollziehen, wie umfangreich das Aufgabengebiet einer allgemeinen Ethik der Technik ist. Ebenso deutlich ist es deshalb auch, daß wohl kaum eine einzige Methode gedacht werden kann, die global die ethischen Problemen „der Technik" zu lösen in der Lage wäre.[3] Diese Methode müßte, um die vielgestaltigen ethischen Fragestellungen im Umgang mit der Technik erfassen zu können, in sehr allgemeiner Form beschrieben werden. Damit aber gäbe es keine Möglichkeit mehr, sie noch mit einer hinreichenden Differenzierung praxisnah darzustellen. Deshalb müssen Eingrenzungen vorgenommen werden.[4] In dem Diskursprojekt „Ethische Orientierung und Verantwortung in der Technikbildung" der Ingenieurkammer Niedersachsen wurde z. B. eine Methode erprobt, die eine

[1] Vgl. Hubig 1993, 133.

[2] Zu dieser Differenzierung vgl. Ropohl 1991, 18.

[3] Vgl. VDI Richtlinie 3780, Technikbewertung, 14.

[4] An dieser Stelle soll mit Betonung festegehalten werden, daß die hier vorgeschlagene Ingenieurethik sich in keiner Weise exklusiv versteht. Durch eine Ingenieurethik sind bei weitem nicht alle Probleme im Umgang mit Technik zu lösen. Eine Ingenieurethik muß ergänzt werden durch politische Prozesse der Meinungsbildung mit Einbeziehung von Laien, durch Foren und Mediationsverfahren. Auch wenn aber die Ingenieurethik also nur einen beschränkten Beitrag zu einer Ethik der Technik leisten kann, so ist ihr Ansatzpunkt dennoch sehr wichtig, da es ja besonders die Ingenieure sind, die an der Entwicklung neuer Techniken und deren Einsatzformen arbeiten.

Orientierung an der Berufspraxis eben derjenigen versucht, die, mit Expertenwissen ausgestattet, an der Planung und Herstellung und Anwendung von technischen Artefakten teilhaben.[5] Die Argumentation führte nicht von einem normativ bestimmten Berufsbild aus zu einer Handlungsbewertung, vielmehr wurde ein Ansatz diskutiert, der von einem gegebenen Objektbereich, einer spezifischen Technik, seinen Ausgang nahm und dann fragte, wie und mit welchen Maßstäben die beruflich mit dem Objektbereich Befaßten ihr Handeln ausrichten, verändern und bewerten konnten.

Für das Design eines technischen Produktes, für die Konzeption seines Herstellungsprozesses und schließlich für den Einsatz von komplexeren technischen Artefakten ist eine gute Beherrschung gegebener Technologien und eine Kenntnis der zugrundeliegenden Naturgesetzmäßigkeiten notwendig. Diejenigen, die diese Kompetenz aufweisen können, sollen im folgenden als „Ingenieure“ bzw. „Experten“ bezeichnet werden. Dieser Begriff soll sich nicht nur auf bestimmte akademische Fachrichtungen, die Ingenieurwissenschaften, beziehen, sondern als Kurzform stehen für all diejenigen, die professionell und mit wissenschaftlichem Hintergrund mit der Technik umgehen, also in erster Linie Ingenieurinnen und Ingenieure sowie Naturwissenschaftlerinnen und Naturwissenschaftler. Die Trennlinien zwischen den verschiedenen Ausbildungsformen sind unscharf, es gibt eine weitgehende Vermischung: Ingenieurinnen und Ingenieure sind in der chemikalischen, biologischen oder physikalischen Forschung beschäftigt, Naturwissenschaftlerinnen und Naturwissenschaftler bei der Entwicklung technischer Geräte. „Ingenieure“ bzw. „Experten“ stehen damit synonym für die Expertinnen und Experten, die mit einer wissenschaftlich fundierten Ausbildung in technikorientierten Berufen arbeiten.

Unbestritten ist, wie umfassend die Technik die moderne Gesellschaft prägt und stetig verändert. Das ist aber kein einseitiger Prozeß, denn nicht nur wird die Gesellschaft von technischen Produkten bestimmt, auch Herstellungs- und Anwendungsprozesse von Technik sind von der gesellschaftlichen Umgebung beeinflußt. Ihre Handhabung, ihre Herstellung und Anwendung, geschieht nicht in einem abgesonderten Raum, sondern ist von vielen äußeren Faktoren mehr oder weniger stark geprägt, von politischen Rahmenbedingungen, von wirtschaftlichen Erwägungen, von Gesetzesbestimmungen, von wissenschaftlichen Erkenntnissen, von dem Akzeptanzverhalten der Bevölkerung. All diese Randbedingungen dürfen nicht außer acht gelassen werden, wenn die Art und Weise, in der Technikentwicklung stattfindet, verstanden werden soll. Im Zusammenhang mit Ingenieurdiskursen ist es weiterhin besonders wichtig, daß die Menschen, die mit der



[5] Eine ausführliche Darstellung bietet Kornelia Werthebach in diesem Band, 83–106.

Technik als Experten beruflich umgehen, als Mitglieder der Gesellschaft an den dort stattfindenden Meinungsbildungsprozessen beteiligt und von den dort vorherrschenden Wertvorstellungen beeinflußt werden.

Es sind vor allem zwei Stichworte, die auf unhintergehbare Voraussetzungen einer praxisnahen Ethik für Ingenieure hinweisen: die zunehmende Komplexität der Technik und der Wertepluralismus in der Gesellschaft.[6]

Die Komplexität der modernen Technik hat mit der wachsenden Verbreitung industrieller Produkte und deren sich stets weiter verdichtendem Netz von Bezügen aufeinander kontinuierlich zugenommen.[7] Dieser Aspekt ist einer der tieferliegenden Gründe, warum die moderne Technik bei vielen Unbehagen auslöst: je komplexer sie wird, desto geringer ist die Möglichkeit, steuernd auf ihren Entwicklungsprozeß einzuwirken, desto größer die damit einhergehende Erfahrung von Handlungsohnmacht.[8] Jeder muß mit der Technik umgehen, keiner aber kann sie in größerem Umfang verändern. Konnte die Technik früher noch durch die Betrachtung einzelner Maschinen und Werkzeuge hinreichend verstanden werden, so ist heute deren Vernetzung derart dicht geworden, daß die Technik nur noch in großen und vernetzten Zusammenhängen existiert. Die Bedeutung des Automobils zum Beispiel kommt nur dann vollständig in den Blick, wenn man auch das Straßensystem, die Versorgungseinheiten, wie Tankstellen und Reparaturwerkstätten, die Kraftstoffindustrie, die mit der Produktion beschäftigte Industrie und schließlich die Entsorgung alter Karosserien mit in die Betrachtung einbezieht. Es zeigt sich hier, daß der Zusammenhang komplex ist: ein Element verweist auf das andere, es ermöglicht andere und wird seinerseits durch andere ermöglicht. Die Technik ist facetten- und perspektivenreich, verschiedene Zugänge sind nötig, um sich dem Gesamtphänomen angemessen nähern zu können.

Mit der steigenden Komplexität technischer Artefakte sinkt gleichzeitig die Fähigkeit eines einzelnen Experten, den Zusammenhang, in dem eine besondere Technik steht, vollständig erfassen zu können. Diese Feststellung gewinnt noch erheblich an Gewicht, wenn die Aufmerksamkeit sich nicht auf ein technisches Artefakt, sondern auf ein mit Hilfe alternativer Techniken zu lösendes Problem bezieht.[9] Die problemorientierte Perspektive erhöht in starkem Maße die Komplexität, da nun mehrere technische Lösungswege mit ihren Einschränkungen und Folgeerscheinungen zu berücksichtigen sind. Ein Einblick in alle Facetten ist für eine einzelne Person nicht länger möglich, der Zugang fragmentiert. Dies ist

6 Zum Begriff von Pluralismus vgl. auch Zimmerli/Wolf 1993, 300f.

7 Vgl. Hubig 1993, 19ff.

8 Vgl. Lübbe 1994, 97.

9 Zur Entwicklung einer problemorientierten Ethik vgl. Zimmerli 1990a, 259ff..

weiterhin umso auffälliger, je mehr sich die technischen Produkte und Verfahren dem „Stand der Forschung" nähern. Da das Wissen um Detailfragen zum Beispiel bei der Abschätzung von Risiken unumgänglich ist, führt der sich schnell ändernde Forschungsstand unweigerlich zu dem Zwang für den Experten, sich auf bestimmte Fragen zu spezialisieren.

Moderne Gesellschaften haben plurale Lebensstile und -formen zur Folge, Traditionen der Alltags- und Lebensgestaltung, an die das Individuum anknüpfen kann, sind in einer Vielzahl gegeben, der individuelle Lebensstil muß in einer bewußten Wahl je neu angeeignet werden. Traditionsbezogene Stile stehen neben alternativen, hedonistische neben asketischen. Diese Pluralität ist mit gutem Grund selbst zu einem Wert geworden, steht sie doch mit grundlgenden Werten aufgeklärter Gesellschaften wie Toleranz, Autonomie und Freiheit in direktem Zusammenhang.[10] Mit der Meinungsvielfalt innerhalb der offenen modernen Gesellschaft entsteht die Notwendigkeit, bei vielen Entscheidungen, die eine große Zahl von Menschen betreffen, im Vorfeld über die Ziele und die Mittel dieser Maßnahmen zu kommunizieren. Keine Instanz kann den Anspruch erheben, Garant für die Richtigkeit eines moralischen Urteils zu sein, das die Ziele und Mittel rechtfertigt. Dies muß insbesondere eine Ethik bedenken, die bei bislang unbekannten Problemstellungen nach handlungsleitenden Werten und Normen sucht. Sie kann den modernen gesellschaftlichen Verhältnissen nur gerecht werden, wenn sie die bestehende Pluralität der Wertvorstellungen von Beginn an berücksichtigt. Es nützt nicht viel, wenn ein ethischer Entwurf zunächst eine beeindruckend geschlossene argumentative Systematik vorweist und dann im Anhang die Pluralität als Konzession an die Realität einführen muß, die wiederum die Systematik entscheidend relativiert.

Bevor nun das diskursive Verfahren als die ethische Methode eingehender betrachtet werden soll, die Herausforderungen von Komplexität und Pluralität besonders gut berücksichtigen kann, müssen noch einige Vorbemerkungen gemacht werden, die den Bezug dieser Methode zu anderen verdeutlicht. Der Diskurs soll hier, im Rahmen einer Ethik der Technik, nicht als die einzig mögliche Methode dargestellt werden, ethische Fragestellungen in die Berufsausübung zu implementieren, wohl aber als eine Methode, die die erwähnten Randbedingungen der Moderne in besonders angemessener Form berücksichtigen kann. Allerdings sind auch ihr deutliche Grenzen gesetzt, die sich bei der näheren Analyse zeigen werden. Deshalb muß sie durch weitere Ansätze berufsnaher Ethik, von denen nur einige hier kurz Erwähnung finden sollen, ergänzt werden.



[10] Vgl. Zimmerli 1990a, 260.

a) Die klassische Form der Berufsethik befaßt sich mit der Erstellung von Kodizes, die das Berufsbild auf solche Weise festlegen sollen, daß Leitlinien für ein wertorientiertes Handeln im Beruf entstehen. Die Stärke solcher standesethischer Festlegungen liegt darin, das Individuum für solche Fragen zu sensibilisieren und ihm einen gewissen Halt durch Orientierungshilfen zu geben. Auch könnten eklatante Verstöße bei standesrechtlichen Institutionen mit öffentlichem Auftrag wie den Berufskammern justiziabel werden. Im Vergleich zu den Vereinigten Staaten ist für Deutschland ein Rückstand in der Ausarbeitung und Verbreitung solcher Kodizes festzustellen.[11] Dabei stehen die Bemühungen grundsätzlich in einem Spannungsfeld: zum einen dürfen die Artikel des Kodexes nicht so eng bemessen werden, daß sie weltanschaulichen Charakter annehmen und andere Wertvorstellungen, z. B. religiöse Überzeugungen ausgrenzen, andererseits dürfen sie aber auch nicht so weit gefaßt sein, daß sie in ihrer Allgemeinheit die tatsächlichen Konflikte im Berufsleben gar nicht mehr erfassen können.

b) Ähnliche Schwierigkeiten ergeben sich bei dem Versuch, über die Gesetzgebung moralische Maßstäbe in den Beruf zu integrieren. Gesetze sind nur in jenen Fällen von großem Wert, in denen ein eindeutiges Verbot möglich ist oder aus denen gravierende Beeinträchtigungen des Allgemeinwohls folgen können. Zudem sind Gesetzgebungsverfahren aufwendig und langwierig, so daß der Stand der Technik sich oft schon bei Paraphierung des Gesetzes weiterentwickelt hat.

c) Auf übergreifender, nationaler Ebene kann auch die Methode der Delphi-Studien einen Beitrag zur Technikbewertung bieten.[12] Zwar ist die Methode in großem Maße sachorientiert, da sonst die Auswahl von Experten zu willkürlich würde, aber sie bietet Freiheitsgrade, um sich von der Enge der Entwicklungsmöglichkeiten bestimmter Technologien zu lösen und eine Problemorientierung zuzulassen.

d) Nicht von Festlegungen auf bestimmte Technologien abhängig ist dagegen der Versuch, schon in der Ausbildung zu einem Beruf die Fähigkeit zur ethischen Beurteilung der Berufsausübung zu schulen. Die zahlreichen Initiativen, die hierzu unternommen worden sind, fanden bislang eine nur begrenzte Wirkung. Die besondere Schwierigkeit besteht wohl darin, eine wirkliche Integration und nicht nur eine Addition von ingenieurwissenschaftlichem und ethischem, von sachorientiertem und wertorientiertem Denken zu ermöglichen.[13] Hier stecken noch viele Weiterentwicklungspotentiale, wobei auch das diskursive Verfahren hier eine wichtige Rolle spielen kann.

[11] Vgl. Lenk 1987, 197.

[12] Vgl. Cuhls 1995.

[13] Vgl. Zimmerli 1990 b, 19.

e) Der Berufswelt näher sind Ansätze, die von industriellen Unternehmen selbst vorangebracht werden. Sie formulieren zum Beispiel Unternehmensleitbilder, die die Technikentwicklung als „weiche Faktoren" mit beeinflussen sollen. Weitsichtigere Versuche der Unternehmenssteuerung wie z. B. das value managemaent gehören ebenfalls hierher. Das Konzept der „Qualitätszirkel"[14] hat zum Ziel, daß sich unter anderem unternehmensintern reflexive Einheiten selbstorganisierend bilden, in denen über Sinn und Zweck von Technikentwicklungen nachgedacht werden soll. Es hat dabei offensichtlich eine große Ähnlichkeit zu der Methode des Diskurses.

Dieser kurze Überblick zeigt, daß jedes Verfahren eigene Stärken und Schwächen aufweist, so daß es eher darauf ankommt, sinnvolle Ergänzungen zu finden als Ausschließlichkeitsansprüche zu erheben. In diesem Kanon kommt der diskursiven Methode jedoch insofern eine herausragende Rolle in dem Prozeß ethischer Meinungsbildung zu, als daß sie den eingangs dargestellten Rahmenbedingungen moderner Gesellschaften in besonderer Weise genügt.

## 2. Zur Theorie des Diskurses

Vor der Darstellung von Diskursformen, die in der Praxis erprobt werden, ist es unverzichtbar, die theoretische Grundlage auszuweisen, auf die Bezug genommen werden soll. Denn zum einen stammt der Impuls zur diskursiven Methode aus der sozialphilosophischen Theorie, zum anderen ist er in der weiteren Diskussion so vielfältig abgewandelt und schließlich völlig undifferenziert im Alltagsgebrauch und den Medien verbreitet worden, daß zunächst eine Verständigung über den Begriff „Diskurs" notwendig ist.

Den Ausgang nahm die Diskussion von den Veröffentlichungen von Jürgen Habermas und Karl-Otto Apel. Ihr Anliegen ist es, angesichts des schon erwähnten Wertepluralismus als Kennzeichen der modernen Gesellschaft, ein Fundament ethischer Theoriebildung zu schaffen, das trotz einer Anerkennung der bestehenden Vielfalt nicht relativistisch argumentiert. Es geht also darum, unter Voraussetzung der bestehenden Pluralität in der Gesellschaft eine Methode zu entwikkeln, mit der unabhängig von zufälligen Meinungsbildungen die Wahrheit oder Richtigkeit von Aussagen belegt werden kann. Für die Autoren ist es in unterschiedlicher Akzentuierung von großer Wichtigkeit, die Begründung ethischer Urteile an einen Entwurf von kommunikativer Vernunft zu koppeln, um so die Geltungsansprüche normativer Aussagen argumentativ begründen oder auch kritisieren zu können. Der hohe Anspruch zielt letztendlich darauf, mittels des



[14] Zimmerli 1994, 13.

Diskursverfahrens gültige von ungültigen, d. h. unter den Betroffenen nicht zustimmungsfähigen, normativen Aussagen zu unterscheiden. Die folgenden Erläuterungen können natürlich die Ansätze nicht in ihrer Komplexität umfassend wiedergeben, sie konzentrieren sich deshalb darauf, diejenigen Aussagen herauszuarbeiten, die insbesondere für die Möglichkeit der praktischen Umsetzung von Diskursen von hoher Relevanz sind. Das Interesse der folgenden Überlegungen ist es herauszufinden, inwieweit das jeweilige Verständnis von Diskurs eine praxisnahe Umsetzung und Realisierung im eingangs beschriebenen berufsethischen Kontext stützt.

a) Habermas ist in seinen theoretischen Bemühungen von Anfang an daran interessiert, die Kluft zwischen Theorie und Praxis zu schließen. Weil eine Theorie, die in einem abstrakten Denkraum verharrt, bedeutungslos bleiben muß, geht es darum, den Bezug zur gesellschaftlichen Praxis zu suchen.[15] Diesen Bezug findet Habermas bei normativen Fragen vor allem in der Beschreibung der „Lebenswelt", die als zumeist fraglos akzeptierte Lebensumstände und Hintergrundannahmen den sozialen Kontext der Menschen im Alltag bestimmen. Da sich die Lebenswelten über das Medium der Sprache ordnen, wird die Betrachtung der Sprache zum Ausgangspunkt für die Untersuchungen Habermas', um so die kommunikativen Handlungen in der Gesellschaft zu verstehen.

Trotz dieser Praxisorientierung seines Ansatzes geht Habermas aber bei der Ausarbeitung der Diskursethik von Annahmen aus, die in ihren Auswirkungen die zunächst angestrebte Praxisnähe konterkarieren. Hierbei spielt das Vorhaben, über eine Anknüpfung an Kant eine universalistische Ethikkonzeption zu vertreten, eine entscheidende Rolle. Dies soll hier näher beleuchtet werden.

Der kommunikative Ansatz nach Habermas differenziert die Geltungsansprüche, die ein Sprecher durch kommunikatives Handeln erheben kann, und unterscheidet zwischen konstativen Sprechakten, die einen Anspruch auf Wahrheit, regulativen Sprechakten, die einen Anspruch auf Richtigkeit und expressiven Sprechakten, die einen Anspruch auf Wahrhaftigkeit erheben.[16] In dem Zusammenhang einer Ethik sind also besonders die regulativen Sprechakte von großem Interesse, sie erheben normative Geltungsansprüche, stellen also Regeln und Normen für das Handeln auf. Wichtig für die Diskursethik ist es, daß nach Habermas neben den konstativen auch normative Geltungsansprüche rationale Ansprüche sind und damit in einem rationalen Verfahren überprüft werden können.[17]

[15] Vgl. Horster 1991, 18 ff.

[16] Vgl. Habermas 1987, 437 f.

[17] Vgl. Habermas 1992 b, 58 f. und 69. Dies steht gegen die unter Ingenieuren verbreitete Vorstellung, nach der nur empirisch nachprüfbare Tatsachenaussagen den Anspruch auf Vernunft erheben können.

In einer wichtigen Grundunterscheidung setzt er nun voraus, daß es eine Handlungsform gibt, die als kommunikatives Handeln bezeichnet und die von anderen Handlungsformen, die strategische Anteile haben, abgegrenzt werden kann.[18] Das Unterscheidungskriterium besteht darin, daß strategisches Handeln die Einwirkung auf die Umwelt, die auch andere Personen umfaßt, zum Ziel hat, wohingegen kommunikatives Handeln auf Verständigung hin orientiert ist, so daß die Beteiligten „ihre Handlungspläne einvernehmlich koordinieren"[19]. In der ersten Handlungsform hat es der Akteur nur darauf abgesehen, ein bestimmtes Ziel zu ereichen, er richtet sein Handeln egozentrisch aus, andere Beteiligte erscheinen ihm eher als Mittel zum Zweck, während in der zweiten mehrere Beteiligte ihr Handeln einvernehmlich gemäß ihren jeweiligen rational einlösbaren Geltungsansprüchen aufeinander abstimmen.

In einem ethischen Diskurs geht es gerade darum, normative Geltungsansprüche durch kommunikatives Handeln einzulösen, denn normative Geltungsansprüche können ebenso wie konstative Geltungsansprüche bestritten und begründet werden. So muß aber ein Verfahren gefunden werden, das zum Nachweis für die Gültigkeit einer in Frage stehenden Norm genutzt werden kann. Das gesuchte Verfahren ist der Diskurs. Die Diskursethik versteht sich also als eine reine Verfahrensethik, sie hat keine materialen Wertprämissen, die zu Urteilsbildungen führen, sondern überläßt diese vollkommen den am Verfahren Beteiligten. Das Verfahren selbst bleibt gegenüber den verschiedenen Argumenten und Normvorschlägen, die die Beteiligten äußern, neutral.[20] Das Kriterium zur Unterscheidung von Aussagen, die sich in dem Verfahren bewähren und Aussagen, die durch das Verfahren verworfen werden, ist der Konsens aller Betroffenen. Führt ein Diskurs zu dem ausgezeichneten Konsens, hat sich die fragliche Norm als gültig erwiesen. Habermas formuliert die Verallgemeinerungsregel U, Universalisierungsgrundsatz genannt: „So muß jede gültige Norm der Bedingung genügen, daß die Folgen und Nebenwirkungen, die sich jeweils aus ihrer *allgemeinen* Befolgung für die Befriedigung der Interessen eines *jeden* Einzelnen (voraussichtlich) ergeben, von *allen* Betroffenen akzeptiert (und den Auswirkungen der bekannten alternativen Regelungsmöglichkeiten vorgezogen) werden können."[21] Allein schon die Möglich-

[18] Vgl. Habermas 1992 b, 68.

[19] Ebd.

[20] Die Neutralität des Diskursverfahrens ist bestritten worden, da sich das Verfahren selbst von Wertvorstellungen wie Autonomie und Freiheit in der Meinungsbildung ableitet. Jedoch kann wohl für die allermeisten konkreten Problemfälle und Diskursanwendungen diese Einschränkung vernachlässigt werden, da diese durch das Verfahren repräsentierten Werte nicht in Frage stehen.

[21] Habermas 1992b, 75f. (Hervorhebung hier wie auch in folgenden Zitaten stets auch im Original)

keit, daß diese Regel eingelöst werden kann, zeigt nach Habermas, daß es eine rationale Begründbarkeit von Normen gibt und der Anspruch auf Richtigkeit überprüfbar ist. Diese Möglichkeit muß nun aber auch in Wirklichkeit umgesetzt werden, da der Diskurs sonst ein Gedankenspiel bliebe. „Habermas fordert ganz ausdrücklich die Durchführung eines realen Diskurses, der nicht durch hypothetisch durchgespielte Argumentationen ersetzt werden kann."[22]

Die Argumente von Habermas, von denen hier nur wenige sehr wichtige genannt wurden, bilden ein geschlossenes und folgerichtiges Gebäude; die Frage, die sich jedoch in dem Zusammenhang dieser Untersuchung stellt, ist, inwieweit die theoretischen Grundentscheidungen eine praktische Umsetzung ermöglichen, so daß Diskurse auch realiter durchgeführt werden können.

In späteren Texten äußert sich Habermas zu dem Problem der Anwendung und nimmt dabei einige weitreichende Modifikationen vor. Dabei ergänzt er unter anderem das moralische Diskursverfahren, in dem es um die Gültigkeit von Normen geht, durch ethisch-existentielle und pragmatische Diskurse, da er sieht, daß nicht alle ethischen Fragen durch Normendiskussionen gelöst werden.[23] Aber nur moralische Diskurse haben seiner Meinung nach den geschilderten *universellen* Anspruch, nur sie kommen als Grundlage postkonventioneller Moral über die Traditionsbezogenheit und Verhaftetheit in bestehenden Sitten hinaus, indem sie die Frage der Gerechtigkeit von Normen behandeln. Ihnen gelten die konzeptionellen Anstrengungen von Habermas. Deshalb ist es legitim, sich hier auf die moralischen Diskurse zu beschränken.

Habermas stellt seinerseits fest, daß es ein Problem der Anwendung der im moralischen Diskurs als gültig anerkannten Normen gibt. Diese Normen müssen notwendig allgemein gehalten sein, da sie nach der Regel U die allgemeine Befolgung aller Beteiligten fordern. Eine allgemeine Norm läßt aber in einem konkreten Fall noch erheblichen Spielraum. So „verschärft sich das Problem, wie derart begründete Normen überhaupt *angewendet* werden können."[24] Denn jeder Fall, in dem ethisch reflektiertes Handeln notwendig wird, ist ein historischer Einzelfall mit spezifischen Konditionen. Also muß ein weiteres Verfahren zur Anwendung kommen, das die allgemeine, als gültig anerkannte Norm auf den Einzelfall anwendet: „Aus diesem Grund fordert die Norm*anwendung* eine argumentative Klärung eigenen Rechts."[25] Es geht, so Habermas weiter, dabei um das Prinzip der Angemessenheit. In einem anderen Zusammenhang bezieht sich

[22] Hastedt 1991, 215.

[23] Vgl. Habermas 1992 b, 100.

[24] Habermas 1992 a, 114.

[25] Ebd.

Habermas auf die Ausarbeitungen von K. Günther und weist die zusätzliche Aufgabe einem eigenständigen Anwendungsdiskurs zu. Hier gilt nun: „Die Rolle, die der Universalisierungsgrundsatz in Begründungsdiskursen spielt, übernimmt in Anwendungsdiskursen das Prinzip der Angemessenheit.“[26] Aber wie sollen sich die am Diskurs Beteiligten über die Angemessenheit einigen? Ist hier wieder der Konsens das Kriterium, diesesmal das Kriterium für Angemessenheit? Selbst wenn man also einen Begründungsdiskurs im Habermasschen Sinne erfolgreich durchführen kann, bleibt die Frage offen, wie eine rational begründete, aber allgemein formulierte Norm nun eindeutig auf den Einzelfall bezogen werden kann. Offensichtlich führt die Trennung von Begründungs- und Anwendungsdiskurs, die Habermas vornimmt, nicht viel weiter, sie verlagert das Problem nur von der Begründung auf die Anwendung.

Weitere kritische Fragen an die Voraussetzungen und Folgerungen, die Habermas unternimmt, sollen in der Darstellung weiterer Autoren zu Wort kommen.

b) Die Diskurstheorie von Karl-Otto Apel steht in Aufbau und Intention in großer Nähe zu der Habermasschen, wobei er allerdings noch stärker dem Ansatz von Kant verbunden bleibt.[27] Der Grundgedanke, den Apel formuliert, um mit seiner Hilfe die Vernünftigkeit einer Norm zu erweisen, ist die „Einsicht in das *nichthintergehbare Apriori der Sprache und der Kommunikationsgemeinschaft*“[28]. Wer spricht, akzeptiert Regeln und Voraussetzungen, die er nur noch um den Preis des performativen und pragmatischen Selbstwiderspruchs leugnen kann. Wer eine Behauptung aufstellt, akzeptiert damit zugleich, daß diese sich in einer idealen Argumentationsgemeinschaft bewähren muß. So wird das „postulierte Einverständnis eines ins Unendliche reichenden Interpretationsgeschehens zum Garanten der möglichen Objektivität von Erkenntnis überhaupt.“[29] Damit ist auch bei Apel, ähnlich wie bei Habermas, eine Bestätigung oder Verwerfung des Anspruchs auf Wahrheit und Richtigkeit möglich.

Apel sieht wie Habermas die Schwierigkeit der Umsetzung bzw. Anwendung der Diskursethik. Er spitzt das gestellte Problem auf die Frage zu, ob Handlungen, die dem Universalisierungsprinzip U genügen, auch verantwortlich durchgeführt werden können. Die Frage ist die nach der Zumutbarkeit der Anwendung des Universalisierungsgrundsatzes U, also nach den Folgen seiner Anwendung unter

[26] Habermas, 1992 a, 140.

[27] Die nicht unerheblichen Unterschiede sollen hier ausgeblendet werden, da sie zu der Frage der Umsetzbarkeit der Theorie in der Praxis nicht viel beitragen.

[28] Apel 1992, 114.

[29] Habermas 1990, 144.

den gegebenen historischen Bedingungen, damit die Beachtung von U als Handlungsprinzip nicht zur weltfremden Gesinnungsethik verkommt.[30] Zwar haben sich schon viele Institutionen in Richtung auf mehr Diskursivität verändert, aber das grundsätzliche Problem strategischer Handlungsorientierung ist unumgehbar. Apel charakterisiert diese Situation als fundamentale conditio humana und führt aus: „Jeder, der in irgendeiner Form für ein Selbstbehauptungssystem (...) einzustehen hat, muß damit rechnen, daß vorerst Interessenkonflikte nicht nur durch praktische Diskurse (...), sondern auch durch *strategische* Formen der Interaktion (...) geregelt werden *müssen*."[31]

Die Unterscheidung, die Habermas als eine fundamentale Voraussetzung für seine Diskurstheorie machte, war die zwischen kommunikativem und strategischem Handeln. Diese Kategorien lassen sich aber zur Beschreibung real-historischer Handlungen nicht aufrechterhalten, denn es ist wohl kaum eine kommunikative Handlung zu identifizieren, die gerade bei umstrittenen Aussagen nicht *auch* strategische Anteile beinhaltet. Die Bedeutung dieser Voraussetzung für das System von Habermas ist groß. Mit der Annahme, daß Aussagen, die zur Diskussion stehen, auch strategische Komponenten besitzen, fällt die Möglichkeit, sie in einem diskursiven Prozeß zu evaluieren, in dem nur die rationale Qualität der Argumente gilt, denn es ist ein Kennzeichen von Strategie im bezeichneten Sinne, daß sie weder völlig einsichtig ist, noch völlig einsichtig gemacht werden kann. Strategie ist durch den Willen des Argumentierenden bestimmt, der nicht für alle am Diskurs Beteiligten verallgemeinerbar ist und deshalb weder rational bekräftigt noch widerlegt werden kann.

Apel sieht also stärker als Habermas die Notwendigkeit, das Faktum strategischen Handelns zu berücksichtigen. Jedoch stellt sich die Frage, wie er dies unter Beibehaltung des hohen Anspruchs seiner Diskursethik bewerkstelligen will. Apel ergänzt einfach seinen diskursethischen Ansatz: Während Teil A das „Ideal einer idealen Kommunikationsgemeinschaft"[32] als notwendige Voraussetzung jeder Argumentation erläutert, befaßt sich der verantwortungsethisch orientierte Teil B angesichts der real-historischen Verhältnisse mit dem Problem der Kontrafaktizität von Teil A und ergänzt ihn durch eine Interimsethik. Weil man nicht in einem strategiefreien Raum für oder wider eine Handlung argumentieren kann, müssen die Folgen der Handlung einkalkuliert und muß – selbst nun strategisch denkend – Verantwortung für diese Folgen übernommen werden. Damit stellt sich für Apel aber das folgende Dilemma, das den Wert der Ergänzung in-

[30] Dies fragt Apel auch pointiert an Habermas gerichtet. Vgl. Apel 1992, 127.

[31] Apel 1992, 128.

[32] Apel 1992, 134.

fragestellt: auf der einen Seite muß er die Grundsätzlichkeit und Eigenständigkeit des verantwortungsorientierten Teils B behaupten; dieser kann nicht aus A abgeleitet werden, denn sonst machte Apel selbst den Fehler, den er an Habermas moniert. Keine Handlung kann damit als im strengen Sinne richtig oder falsch ausgewiesen werden. Auf der anderen Seite muß Apel auf jeden Fall vermeiden, daß der strategiebezogene Teil B den Teil A vereinnahmt und ihn als harmlosen Vorspann der „eigentlichen" Ethik in Teil B abwertet. Dann nämlich verfiele der Ansatz relativistischen Tendenzen, die strategiefreie Form A hätte de facto keine Bedeutung mehr, wäre eher die Wunschvorstellung einer idealen Welt. Deshalb entwickelt Apel mehrere Argumente, die die unauflösliche Anbindung des Teils B an den Teil A und damit die Wirkung von A schon sub specie mundi verdeutlichen sollen: Zum einen faßt er die Beseitigung aller Hindernisse für strategiefreie diskursethische Argumentationen als regulative Idee für jedes ethische Handeln auf.[33] Weiterhin versucht er das Verhältnis von Strategie und Verständigung auf die folgende Formel zu bringen: soviel Verständigung als möglich, soviel Strategie als nötig.[34] Außerdem hat nach Apel strategisches Handeln stets so zu geschehen, daß es für die „kontrafaktisch unterstellbaren Mitglieder einer idealen Kommunikationsgemeinschaft"[35] konsensfähig ist. Schließlich und vor allem aber besteht nach Apel aufgrund einer teleologische Geschichtsauffassung die Verpflichtung, mit dem verantwortungsethischen und somit strategiedurchsetzten Handeln das Ziel einer unverfälschten diskursiven Argumentationsgemeinschaft anzustreben. Damit soll eine Willkür des strategischen Handelns unterbunden werden.[36] Keines der Argumente vermag aber letztendlich zu überzeugen. Die ersten beiden eröffnen dasselbe Problem, das auch schon bei Habermas anzutreffen war: Nachdem in dem diskursethischen Ansatz mit strenger Gedankenführung ein Fundament für die Begründung von Normen geschaffen wurde, wird im zweiten Schritt, der Anwendung, auf recht diffuse Begriffe und Verhältnisbestimmungen wie „regulative Idee" und „soviel als möglich" zurückgegriffen. Das aber läßt sich auch ganz ohne das Gedankengebäude vom Teil A tun. Die Idee der kontrafaktisch unterstellbaren Mitglieder der idealen Kommunikationsgemeinschaft geht nicht weit über das alte Gewissenskonzept des forum internum hinaus: wer sagt, was diese Mitglieder empfinden, denken, wie sie urteilen? Sind diese Mitglieder nicht einfach nur ein anderer Name für das eigene Gewissen? Für die letzte Hilfskonstruktion ist Apel schon heftig und allerdings unangemessen kritisiert

[33] Vgl. Apel 1993, 36.

[34] Vgl. ebd.

[35] Apel 1993, 35.

[36] Vgl. ebd, 36.

worden, indem man dieses Argument mit den Vorstellungen von Terroristen verglich, durch Untaten in the long run das Gute erreichen zu wollen, was dann die zuvor begangenen Untaten rechtfertigt.[37] Trotz der Einsicht in das Problem der strategischen Komponente fast aller Handlungen kann auch Apel letztlich keine überzeugende Vermittlung von diskursethischer Fundierung der Ethik und ihrer real-historischen Praxis aufbauen.

Es muß sich aufgrund dieses Befundes die Frage stellen, ob nicht der Versuch fragwürdig ist, Ethik an ein Vernunftskonzept zu binden, in dem die Vernünftigkeit einzelner Aussagen identifizierbar wird, sei es durch einen Konsens aller Betroffenen, sei es durch eine sprachtheoretisch identifizierte ideale Kommunikationsgemeinschaft. Offensichtlich ermöglicht dieses Vorgehen eine theoretisch sehr argumentationsstarke Position, die aber dann kaum oder nur unter dem Verlust des zuvor erlangten argumentativen Fundaments mit den real-historischen Verhältnissen verbunden werden kann.

c) Albrecht Wellmer versucht in kritischer Auseinandersetzung mit den Ansätzen von Apel und Habermas und unter stark modifizierter Anknüpfung an Kant, dem Problem der Anwendung besser gerecht zu werden. Sein positiver Bezug auf Kant soll hier nicht weiter ausgeführt werden, da die zentrale Frage dieser Untersuchung, wie vorgeschlagene Konzepte diskursiver Ethik die Umsetzung von praktischen Diskursen ermöglichen, gerade in der Auseinandersetzung Wellmers mit Apel und Habermas deutlich wird. Dabei löst er das Diskurskonzept von dem emphatischen Konsensbegriff, der nach Apel und Habermas die Wahrheit bzw. Richtigkeit des Diskursergebnisses indiziert.

Wellmer untersucht insbesondere den Universalisierungsgrundsatz U, den Habermas aufstellt, und stößt dabei auf zwei untereinander eng in Beziehung stehende Probleme, die beide durch die schwierige Verhältnisbestimmung von realer geschichtlicher Welt und den idealen Bedingungen des Konsenses geprägt sind. Zum einen läßt sich ein umfassender Dialog mit Abwägung aller Folgen für alle Betroffenen als geschichtlicher Prozeß nicht denken. Er wäre für konkrete Probleme schlicht zu umfassend, Vergröberungen und Außerachtlassungen weitreichender Folgeketten wären unumgänglich.[38] Zum anderen wird der Konsens, wie ihn die Regel U vorsieht, unter der Bedingung ermittelt, daß die Norm, für die der Konsens gefunden wurde, auch allgemein befolgt wird. Wird sie auch nur einige Male gebrochen, ist ihre Gültigkeit fraglich, da die Normverletzungen eine andere Situation schaffen als die, für die die Gültigkeit bestätigt wurde. Die voll-

[37] Zu diesem unsinnigen Vergleich bot allerdings Apel seinerseits Anlaß, indem er selbst für seinen Gedanken den Begriff des „Lenin-Paradoxes" einführte. Vgl. Reese-Schäfer 1990, 79f.

[38] Vgl. Wellmer 1986, 64.

ständige Befolgung als Basis der Gültigkeit ist aber selbst für so grundsätzliche und kaum strittige Regeln wie das naturrechtliche "neminem laede" eine unrealistische Vorstellung. Wellmer stellt hierzu zurecht fest, daß durch dieses Verfahren "Fragen der moralischen Richtigkeit mit Bezug auf ideale und nicht auf reale Handlungsbedingungen beantwortet werden."[39]

Wellmer kann diese Kritik an Idealisierungstendenzen in wesentlich verschärfter Form auch an Apel äußern[40] und sieht im Resümee bei beiden Autoren ein fatales Erbe Kants wirksam: „So wie nämlich Kant, um die Idee der praktischen Vernunft zu erläutern, zur Idee eines Reiches der Zwecke Zuflucht nehmen mußte, so können Apel und Habermas den Zusammenhang zwischen Rationalität und Wahrheit – und daher auch den Begriff der praktischen Vernunft – nur durch Rekurs auf eine ideale Verständigungssituation erläutern."[41]

Wie nähert sich nun Wellmer seinerseits der Frage nach der moralischen Rechtfertigung von Handeln? Er legt auf die Feststellung Wert, daß erst in der Vermittlung von Allgemeinem und Besonderem, von allgemeinen Normen also und besonderen Anwendungssituationen, die eigentlichen ethischen Probleme auftreten. Mit der Aufstellung und Untersuchung allgemeiner Normen ist also noch nicht viel gewonnen. Die besonderen Umstände der moralischen Entscheidungssituation muß von Beginn an mit einbezogen werden. Wellmer folgert: „Meine These ist, daß unter dieser Voraussetzung moralische Argumentationen fast ausschließlich die Interpretation von Handlungs- und Bedürfnissituationen sowie das Selbstverständnis von Handelnden und Leidenden betrifft"[42]. Diese Erkenntnis ist nun von weitreichender Bedeutung, denn dadurch findet die ethische Theoriebildung ein gänzlich anderes Betätigungsfeld: geht es der Diskursethik im Sinne von Apel und Habermas vornehmlich und primär um die Begründung allgemeiner moralischer Normen und erst in zweiter Linie um deren Anwendung, zeigt Wellmer, daß die moralischen Konflikte nicht durch die Begründung allgemeiner Normen, sondern nur durch Einigung in den spezifischen Charakteristika des jeweiligen Konfliktes gelöst werden können. Die Klärung von Situationsdeutung und Selbstverständnis der Beteiligten ist für Wellmer die conditio sine qua non, um moralische Konfliktfälle lösen zu können und deshalb auch Ausgangspunkt ethischen Nachdenkens. Bevor man in die Überlegungen nach einer *allgemeinen* Befolgung, nach den Interessen *jedes* Einzelnen und der

[39] Ebd., 65.

[40] Ebd., 90ff.

[41] Ebd., 101.

[42] Ebd., 125 (sic).

Berücksichtigung *aller* Betroffenen eintritt, ist zunächst nach der konkreten Situation und den dabei Beteiligten zu fragen. „Moralische Argumentationen betreffen in diesem Fall vor allem die *Angemessenheit* und relative *Vollständigkeit* von Situationsbeschreibungen, einschließlich der in einer Situation gegebenen Handlungsalternativen.“[43] Erst im zweiten Schritt ist die Frage nach der Verallgemeinerbarkeit zu stellen. Hier gibt es nach Wellmer kein starkes, die Normen bestätigendes Verfahren, sondern nur ein Ausschlußverfahren, in dem via negationis nur die Nicht-Verallgemeinerbarkeit von Normen festgestellt werden kann. Allgemeine moralischer Urteile, die aus Situationsanalysen gewonnen werden, haben damit zwangsläufig eine negative Form, sie bestimmen nicht, was erlaubt ist, sie zeigen auf, was verboten ist.

Jeder Diskurs ist also durch seinen Situationsbezug immer auch Anwendungsdiskurs und es gilt damit: „Moralischer Diskurs und moralische Urteilskraft sind ihrem Gegenstand nach nicht voneinander verschieden; praktische Vernunft äußert sich als moralische Urteilskraft.“[44] Die Integration der Vernunftvermögen im diskursiven Verfahren wird auch durch ein anderes Moment erhöht: gemäß der Sprechakttheorie muß zwischen verschiedenen Geltungsansprüchen, zwischen konstativen und regulativen Sprechakten differenziert werden. Diese analytische Unterscheidung läßt sich aber nicht auf moralische Argumentationen in der Weise beziehen, daß es hier nur um regulative Geltungsansprüche geht. Auch moralische Argumente müssen notwendig auf Beschreibungen von Gegenständen und Sachverhalten zurückgreifen. Damit ist die Frage nach der Wahrheit von Sachaussagen notwendiger Bestandteil eines moralischen Diskurses. Wellmer plädiert deshalb für einen offenen und pluralen Rationalitätsbegriff. Es bietet sich hiernach als Einheit der Vernunft „ein Netzwerk von Verbindungslinien und Übergängen zwischen theoretischen, technischen, moralischen und ästhetischen Fragestellungen und Argumentationen. Wo diese Verbindungen und Übergänge blockiert oder abgeschnitten sind, resultieren jeweils spezifische Pathologien und Vereinseitigungen des Vernunftsgebrauchs.“[45]

Legt man das Diskursverständnis von Wellmer zugrunde, so kann man folgern, daß von einem diskursiven Verfahren nicht die Beantwortung der Frage nach der unbedingten allgemeinen Geltung einer Norm erwartet werden kann. Moralische Geltung ist aber gekoppelt an ein unbedingtes Sollen. Das unbedingte Sollen spiegelt sich in der Gewißheit des Einzelnen. Daß eine Norm gilt, kann nur Aussage eines Einzelnen oder einer Gruppe, z. B. einer Gruppe von Diskursteil-

[43] Ebd., 131.

[44] Ebd., 137.

[45] Ebd., 171.

nehmern sein. Folglich ist die Geltung einer Norm nicht abstrahierbar von den Personen, die sie vertreten. Ein real-historischer, endlicher und von vielen Randbedingungen beeinflußter Diskurs kann deshalb das unbedingte Sollen für eine fragliche Norm nicht so herausarbeiten, daß sie nachweislich für alle zu jeder Zeit gelten muß. Jeder reale Diskurs wird von Randbedingungen bestimmt, die es möglich machen, daß seine Ergebnisse relativiert werden. Solche Randbedingungen können der Stand des Wissens sein, der sich vielleicht nach einem Diskurs ändert, oder Eingrenzung bzw. Auswahl der Beteiligten, die sich möglicherweise im nachhinein als zu eng bzw. falsch erweisen. Wenn also durch den Diskurs keine Bindung der verhandelten Normen an ein allgemeines Moralprinzip möglich wird, so gibt es doch Rationalisierungseffekte, die normative Probleme graduell zu klären helfen. Denn der Diskurs setzt die Teilnehmer in die Lage, die Normen und Werte, die sie intuitiv oder reflektiert vertreten, in dem Verfahren zu prüfen, zu korrigieren oder zu bestätigen. Die Integration der verschiedenen Vernunftvermögen ist dabei die spezifische Rationalisierungsleistung des Diskurses.

Im Resümee läßt sich festhalten, daß es „den Diskurs", hier verstanden als ein theoretisch bestimmter Prozeß von Kommunikation, der zu Normen mit universellem Anspruch führt, nicht geben kann, daß im Gegenteil jeder reale Diskurs einen begrenzten soziologisch bestimmbaren Ort in der Gesellschaft hat, an dem er stattfindet und durch dessen Machtverteilung und Kommunikationsbedingung er ebenso beeinflußt ist wie durch die beteiligten Personen und die Eigenarten des gegebenen Konflikts bzw. Themas. Beachtet man schon im theoretischen Ansatz diese Einsicht, dann kann die offenkundig unüberbrückbare Kluft zwischen einem strengen vernunftsbezogenen Begründungsdiskurs und einem davon mehr oder minder getrennten Anwendungsdiskurs gar nicht erst aufbrechen. Ziel des Diskurses ist neben der immer auch interessegeleiteten Auseinandersetzung um die Triftigkeit der Argumente eine Verknüpfungsleistung, die Verbindung der von Wellmer bezeichneten unterschiedlichen Vernunftsmomente.

## 3. Ingenieurdiskurse in der Praxis

Unbeschadet der geschilderten Schwierigkeiten mit der praktischen Umsetzung der theoretischen Konzeptionen von Apel und Habermas hat der Begriff „Diskurs" im Bereich der Technikfolgenforschung eine große Verbreitung gefunden.[46] Nur wurde der Begriff dann auch nicht mehr in der ursprünglichen definitorischen Strenge verwendet und gewann deshalb eine gewisse Beliebigkeit,

[46] Vgl. Senghaas-Knobloch 1993, 9.

vollends dann, als er zum Modewort in der öffentlichen Auseinandersetzung avancierte. Deshalb ist bei einzelnen Projekten genau darauf zu achten, wie der Begriff gebraucht und bestimmt wird. Meine Erachtens ist es sinnvoll, an dem Begriff „Diskurs" trotz seiner vielfältigen Verwendung festzuhalten, da er nicht so allgemein und unverbindlich ist wie das Wort „Dialog". Sein Gebrauch rechtfertigt sich primär aus den dargestellten theoretischen Überlegungen; in der praktischen Umsetzung sind ebenso viele Variationen denkbar, wie es unterschiedliche gesellschaftliche Orte, unterschiedliche Themen und Gruppen von Beteiligten gibt. Darüberhinaus gehört es zu der Kunst der Diskursleitung bzw. Moderation, den Prozeß so zu gestalten, daß die gewünschten Verbindungen von Wert- und Sachaussagen entstehen.

Die theoretische Grundlage soll nun auf den speziellen Fall von Ingenieurdiskursen übertragen werden. Dazu müssen die spezifischen Determinanten bei Ingenieurdiskursen identifiziert werden, die die Situationsbeschreibung und das Selbstverständnis der Beteiligten prägen. Eine erste Bestimmung der Beteiligten ist schon durch die Bezeichnung gegeben: Ingenieure in dem eingangs definierten Sinne. Allerdings sind hier immer noch für die Diskurse erhebliche Differenzierungen möglich: es kann sich um Ingenieure einer Forschungsabteilung oder eines Unternehmens handeln, um Ingenieure einer Fachrichtung oder nah verwandter Fachrichtungen oder aber auch um Ingenieure aus sehr unterschiedlichen beruflichen Kontexten. Weiterhin können sie z. B. aus unterschiedlichen Fächern kommend, in der Forschung über eine gemeinsame Problemstellung miteinander verbunden sein.

Da in Diskursen, wie dargestellt wurde, situationsbezogen argumentiert werden muß, ist der gesellschaftliche Ort, an dem der Diskurs stattfindet, soziologisch zu bestimmen. Mit dem gesellschaftlichen Ort sind die Institutionen gemeint, die die Diskursveranstaltungen austragen. Diese Bestimmung ist ebenfalls sehr variantenreich: es kann sich um ein Diskussionsforum im politischen Raum,[47] um „Qualitätszirkel" in Industrieunternehmen,[48] um Foren eigenständiger Forschungseinrichtungen,[49] um Foren an berufsständigen Vertretungen und Ingenieurverbänden[50] oder um Foren im Rahmen besonderer Forschungsvorhaben handeln.[51] Je nach den besondern Determinanten eines Ortes wird das Teilneh-

[47] z.B. im Rahmen eines Mediationsverfahrens.

[48] Vgl. Zimmerli 1994, 13.

[49] Z. B. am Wissenschaftszentrum Berlin, an der Akademie für Technikfolgenabschätzung.

[50] Z. B. VDI/VDE Technologiezentrum Informationstechnik GmbH, Ingenieurkammer Niedersachsen.

[51] Vgl. Senghaas-Knobloch/Volmerg 1990.

merverhalten sich ändern, an neutralen Orten werden die Argumente eine andere Form haben als im Rahmen einer konfrontativen Auseinandersetzung, in kurzen und befristeten Diskursen wird sich ein anderer Gesprächsverlauf entwickeln als in kontinuierlichen Langzeitdiskursen.

Schließlich ist natürlich auch das Thema von großer Bedeutung. Ein Diskurs bedarf eines thematischen Anknüpfungspunktes und einer Begrenzung der Themenweite, damit einerseits ein Konflikt benannt und andererseits ohne allzu starke Abweichungen bearbeitet werden kann. Das Thema kann über eine spezielle Technik (technikinduzierter Diskurs) oder aber auch über ein Problem, das mit technischem Handeln in Beziehung steht (probleminduzierter Diskurs), bestimmt werden.

Ein besonderes Kennzeichen von Ingenieurdiskursen ist die herausragende Bedeutung der Sachaussagen. Es geht in diesen Diskursen oft um die Folgewirkungen von noch im Entwicklungsprozeß befindlichen oder gerade neu entwikkelten Technologien oder gar um Lösung von Problemen, für die eine adäquate Technik noch nicht gefunden ist. Um diese aber abschätzen zu können, ist das Fachwissen der Ingenieure erforderlich, und es ist der Vorzug von Ingenieurdiskursen, daß hierzu Kompetenz vorhanden ist. Da alle Beteiligten einen fachlichen Zugang haben, sind zudem aufwendige und umfassende Übersetzungsarbeiten der oft hermetischen Fachsprache von Ingenieuren nicht so notwendig, wie bei Diskursen, an denen andere gesellschaftliche Gruppen beteiligt werden. Eher liegt hier die Herausforderung im Bereich der handlungsleitenden Werte: Es muß die Fachsprache in ihrer Hermetik „aufgebrochen", durch expressive und normative Anteile erweitert und mit der lebensweltlichen wertorientierten Kommunikation verbunden werden. Die Gefahr der Ingenieurdiskurse ist offensichtlich: es muß ein falsches Verständnis der beteiligten Ingenieure, es gehe im Diskurs ausschließlich um „objektive" Fakten, von vornherein korrigiert werden. Das Entscheidende ist vielmehr gerade die Bewertung von Sachverhalten, also die Verbindung von Wert- und Sachaussagen in normativen Aussagen. Der Diskurs darf sich nicht auf die „technische Vernunft" reduzieren, es geht um eine Kommunikation über Technik, die umfassender ist als das technische Fachwissen, die versucht, soziale, ökologische, ästhetische und andere Perspektiven zu integrieren.

Ein Ingenieurdiskurs kann also nur gelingen, wenn die Vermittlung von Wert- und Sachaussagen glückt. Dies hebt die Wichtigkeit beider Anteile für den Gesamtprozeß hervor. Der Diskurs hat als ethisches Verfahren sowohl bei Wertaussagen als auch bei Sachaussagen die Eigenschaft, eine Pluralität von Perspektiven – nämlich die verschiedenen Perspektiven der Beteiligten – schon als integratives Verfahrenselement zuzulassen. Wie in der Einleitung kurz umrissen wurde, ist in den komplexen Verhältnissen der modernen Gesellschaft weder bei Sachaussagen noch bei Wertaussagen leicht eine Eindeutigkeit zu erzielen. Wertpluralismus und Perspektivität der systemischen Zusammenhänge erschweren es dem einzelnen, von seiner Position aus allgemeingültige Aussagen zu treffen. Im Diskursverfahren wird diese Erkenntnis berücksichtigt, indem durch das Verfahren die Beteiligten aufgefordert werden, sich mit anderen Meinungen auseinanderzusetzen, die eigene Perspektive infragezustellen und von anderen Perspektiven zu lernen.

Dies ermöglicht schließlich auch über die reaktive Bewertung von Bestehendem hinaus kreative Potentiale; durch die Konfrontation von verschiedenen Perspektiven können neue möglich werden. Damit ist der Diskurs nicht nur ein reaktives Verfahren, das vorhandene Mißstände oder Risiken bearbeitet, sondern wirkt darüberhinaus innovativ, indem durch veränderte Bewertungen, korrigiertes oder ergänztes Fachwissen und neue Zuordnungen der beiden Anteile sich neue Perspektiven eröffnen. Es ist nicht zuletzt für die Motivation der Beteiligten von großer Bedeutung, daß Diskurse nicht ausschließlich unter der Frage stehen: Welche Gefahr beschwört diese oder jene Technik herauf? Durch diese Einschränkung hat sich die frühe Technikfolgenabschätzung in Verruf gebracht, wobei unter „Technikfolgenabschätzung" eher „Technikverhinderung" vermutet wurde.[52] Tatsächlich ist es eher so, daß Diskurse besonders bei der Zielfindung hilfreich sein können, wenn technische Lösungen noch ungeklärt, die Lösungswege noch offen sind. Innovative Technikbewertung beginnt schon sehr früh im Prozeß der Technikgenese.[53]

Aber auch die umstrittene Anwendung bestehender Technologien kann durch einen begleitenden Diskursprozeß hinterfragt, korrigiert oder auch bestätigt werden.

Fünf Ansätze diskursiver Technikfolgenforschung, die erprobt wurden, sollen abschließend kurz dargestellt werden, ohne sie allerdings vergleichend zu diskutieren. Ziel ist es vielmehr zu dokumentieren, welche unterschiedliche Verfahrensformen und -wege gewählt werden können, um einen situations- und problemgemäßen Diskurs der Technikbewertung zu konstruieren. Jedes dieser Verfahren hat spezifische Vor- und Nachteile, ein „ideales" Diskursverfahren gibt es nicht. Alle Formen haben aber als gemeinsame Basis einen Prozeß, der sich als freies Gespräch darstellt, in dem Argumente ausgetauscht und auf ihre Stichhaltigkeit überprüft werden und in dem auf die eine oder andere Weise eine Verknüpfung

[52] Der Vorwurf des „technology arrestment" statt „technology assessment" belastete auch die Arbeit des OTA in den USA.

[53] Vgl. VDI Richtlinie Technikbewertung, 14, aber auch die Ausführungen von Stransfeld 1994, 35.

von Sachwissen über technische Zusammenhänge und persönlichen, lebensweltorientierten Wertvorstellungen erzielt werden soll.

a) In den Jahren 1991 bis 1993 ist im Wissenschaftszentrum Berlin (WZB) ein Diskurs zu dem Anbau von Kulturpflanzen mit gentechnisch erzeugter Herbizidresistenz durchgeführt worden. Das Thema, das dem Diskurs zugrundelag, war ein konkretes technisches Verfahren, das vor seiner Einführung stand. Dadurch hatte es große Aktualität, es gab schon im Vorfeld eine weitgehende Meinungs- und Parteienbildung, was natürlich den Prozeß des Diskurses erheblich belastete und am Ende dazu führte, daß die Kritiker der fraglichen Technik den Prozeß vorzeitig und demonstrativ verließen. Es waren etwa 60 Personen beteiligt, die aus Wissenschaft, Wirtschaft, Behörden und Umweltgruppen kamen und sich als Experten auswiesen: „Die Teilnehmer auf allen Seiten waren in der Regel wissenschaftlich ausgebildet und sind sich als Fachleute auf ihren jeweiligen Spezialgebieten gegenübergetreten (...).“[54] In den Prozeß wurden Gutachten, Untersuchungen und Szenarienbeschreibungen als Informationsquellen einbezogen, wobei hier die Teilnehmer selbst in hohem Maße beteiligt waren.[55] Die Steuerung des Diskurses war vielschichtig, die zentrale Instanz war der Koordinationsausschuß, in dem neben der wissenschaftlichen Begleitung des Diskurses je ein Vertreter von Verwaltung, Umweltverbänden und Industrie saß. Dieser Ausschuß bestimmte die Zusammensetzung der Teilnehmer, die Festlegung von Gutachterthemen und übernahm die Moderation. Zudem gab es eine Arbeitsgruppe des WZB, die über die Organisationsarbeit, die ihr zufiel, einen nicht unerheblichen Einfluß auf den Verlauf hatte.

Vier für das Projekt charakteristische Diskursleistungen zählen van den Daele und Döbert auf: Neutralisierung von politischen Wertungen, die Infragestellung von selektiven Argumentationen, die „Normalisierung“ der Wahrnehmung neuer Risiken durch Vergleiche mit Bekanntem und die Entfundamentalisierung von moralischen Einwänden.[56] Deutlich ist damit das Bemühen, den Sachgehalt in der Auseinandersetzung zu erhöhen, was wohl auch auf den spezifischen Hintergrund des behandelten Themas zurückzuführen ist, bei dem Polemiken und moralische Verdikte schon im Vorfeld existierten. Mit großer Sensibilität muß deshalb der Prozeß so gestaltet werden, daß keine Partei sich übervorteilt fühlt.[57] Da der

[54] Van den Daele 1994, 9.

[55] Über 40 Teilnehmer fertigten Kommentare oder Gutachten an. Auch dies zeigt die große Sachkompetenz der Teilnehmer. Vgl. van den Daele 1994, 17.

[56] Van den Daele/Döbert 1995, (11) 16f.

[57] Jede Partei konnte den Verlauf in allen Phasen dieses deshalb als „uneingeschränkt“ bezeichneten Diskurses über ein Veto beeinflussen. Vgl. van den Daele/Döbert 1995, (11) 6.

Diskurs neben empirischem Wissen auch normative Implikationen aufweist, die wie im gegebenen Fall erhebllich divergieren können, wurde nicht in allen Fragen Konsens erwartet. Der äußere Druck aus dem politischen Raum auf das Verfahren stellte diesen Diskurs dennoch vor besondere Herausforderungen und verhinderte die Entfaltung einiger Stärken des Verfahrens wie ein gegenseitiges Vertrauen unter den Teilnehmern oder die Entwicklung von innovativen Potentialen durch assoziatives Vorgehen. Es stellt sich die Frage, ob nicht in ähnlich gearteten Fällen dezidierte Mediationsverfahren eher angebracht wären, die durch ihre Konzeption eine stärkere Beachtung stark divergierender Interessen ermöglichen.[58]

b) Die Akademie für Technikfolgenabschätzung in Baden-Württemberg hat schon von ihrer Satzung her die Aufgabe, gesellschaftliche Diskurse zur Technikfolgenabschätzung durchzuführen. Um der Wichtigkeit von Diskursen in der Akademie gerecht werden zu können, ist in der Akademie eine Querschnittsfunktion „Diskurs und Öffentlichkeitsarbeit“ institutionalisiert worden. Auch für die Akademie besteht die primäre Aufgabe des Diskurses darin, zwei unterschiedliche Anteile in Beziehung zu setzen: das in rationalen Diskursen generalisierte Wissen und die Partikularität normativer Muster von Gruppen und Individuen.[59] Diese doppelte Ausrichtung hat zur Folge, „daß jeder Diskurs eine rationale und eine nicht-rationale Seite aufweist, gleichgültig ob sie in Bezug auf die gesellschaftliche Verortung der Akteure eher als wissenschaftliche oder als gesellschaftliche Diskurse angelegt sind.“[60] Die Konsensorientierung der Diskurse spielt hier eine wichtige Rolle. In dem Konzept des Forschungsprozesses der Akademie wird zwischen zwei Diskurstypen, dem gesellschaftlichen und dem wissenschaftlichem Diskurs, unterschieden, denen beide eine besondere Aufgabe zukommt. Die wissenschaftlichen Diskurse sollen vornehmlich bei der Konzipierung von Projekten helfen, Analysen vornehmen und Informationen bereitstellen. Die gesellschaftlichen Diskurse dagegen ermöglichen die vorgängige Themenfindung und vor allem die Bewertung alternativer Techniken. Dabei sind in der Regel die Teilnehmerkreise unterschiedlich. Es wird damit deutlich, daß hier die Verknüpfung von Sach- und Wertaussagen nicht in einem Gesprächsverlauf stattfindet, sondern erst durch die Kontinuität des gesamten Diskursprozesses gewährleistet wird.

In dem Projekt „Kooperativer Diskurs zur Entwicklung von Abfallbewirtschaftungskonzepten“ wurde das Konzept der Planungszellen nach Peter Dienel in

[58] Auch diese Verfahren stellen die Rationalisierung und Versachlichung von Argumentationen in den Vordergrund.Vgl. Fietkau 1994, 7.

[59] Vgl. Akademie für Technikfolgenabschätzung in Baden-Württemberg, 1994, 72 f.

[60] Ebd., 73.

den Diskurs integriert, um dem Tatbestand besser gerecht werden zu können, daß das Thema durch die politische Diskussion in hohem Maße geprägt ist.[61] Die Planungszellen bestehen aus durch Zufall bestimmten Bürgerinnen und Bürgern, die in einigen Seminaren mit fachlicher Unterstützung sich ein Urteil bilden und dies dann als Ergebnis nach außen präsentieren. Es geht in dem kooperativen Diskurs um die Suche nach „fairen" Kompromissen. Das Verfahren ist dreistufig: zunächst wird in Einzelinterviews von Repräsentanten wichtiger sozialer Gruppen eine Wertehierarchie mittels der Wertbaumanalyse erhoben. Experten transformieren auf der zweiten Stufe die Werte in meßbare Indikatoren und ermitteln mit ihrer Hilfe die Auswirkungen verschiedener Handlungsoptionen. Im dritten Schritt schließlich werden in einem kooperativen Diskurs die Folgen der Handlungsoptionen abgewogen und der Prozeß mit den von Bürgern besetzten Planungszellen unterstützt.

Auch in dem Projekt „Klimaverträgliche Energieversorgung in Baden-Württemberg" wird der Diskurs in drei Phasen durchgeführt.[62] In der ersten Phase steht eine Verständigung von Experten über den künftigen Energiebedarf Baden-Württembergs und eine Übersicht über technologische Alternativen. Bei der Bedarfsbestimmung werden zwei verschiedene Szenarien, einmal mit, einmal ohne extensive Energiereinsparungspolitik bestimmt. Für beide Szenarien werden dann adäquate Energieversorgungssysteme mit Hilfe bekannter Techniken ermittelt. Der dritte Schritt sieht einen gesellschaftlichen, umsetzungsorientierten Diskurs vor. Auch hier zeigt sich die Strategie der Akademie: Experten sollen in wissenschaftlichen Diskursen konsensorientiert eine Wissensbasis und darauf beruhend verschiedene Handlungsoptionen erarbeiten, die dann in einem gesellschaftlichen Diskurs evaluiert werden.

c) Von 1989 bis 1994 hat das VDI/VDE Technologiezentrum Informationstechnik GmbH fünf Diskurse im Bereich der Informationstechnik durchgeführt. Dabei wurde ein Konzept von kommunikationsorientierter Technikfolgenabschätzung verfolgt, das als selbstverständliche Aufgabe technischer und wissenschaftlicher Entwicklung verstanden werden soll.[63] Auch hier verfügen die am Diskurs Beteiligten über Expertenwissen. Dem Ansatz liegt ein neues Paradigma in der Wahrnehmung der Technik zugrunde, nicht mehr das lineare Ursache-Wirkung-Schema steht im Vordergrund, vielmehr müssen „die netzwerkartig verknüpften Austauschverhältnisse zwischen zueinander höchst differenziert gestuf-

[61] Vgl. zum folgenden: Akademie für Technikfolgenabschätzung in Baden-Württemberg: Kurzinformation „Kooperativer Diskurs zur Entwicklung von Abfallbewirtschaftungskonzepten".

[62] Vgl. Akademie für Technikfolgenabschätzung in Baden-Württemberg 1993, 42 ff.

[63] Vgl. Stransfeld 1994, 7.

ten Knoten/Akteuren in ihren Dynamiken betrachtet werden (...)."[64] Zu den Voraussetzungen der Diskurse gehört ebenso die Erkenntnis der ojektiven Mächtigkeit der Technik wie die Einsicht in die differierenden Wertvorstellungen der Gesellschaft. Diskurse werden dabei als Reflexionspotentiale verstanden: „Eine, und wohl die wesentliche Aufgabe des Diskurses ist es, diese Vor-Urteile zu hinterfragen und im Lichte anderer Positionen zu rechtfertigen oder zu modifizieren, um Verständigung zu ermöglichen."[65]

Für die Diskurse hatten technisch-wissenschaftliche Vereine die Trägerschaft übernommen. Die fünf Diskurse hatten Themen, die sich alle um die Entwicklung von Informationstechnologien rankten. Sie dauerten zwei bis drei Jahre mit einem Kernbestand zwischen 3 und 15 Teilnehmern und verfügten über eine Binnenorganisation, die für die Kontinuität des Themas sorgte. Sie waren nach ihrer Konzeption macht- und interessenverdünnte Räume, die auch innovative Wendungen zuließen,[66] wenn auch der Einfluß von Interessen nicht negiert wurde. Herausragende Effekte waren die Erhöhung der Transparenz in den verhandelten Themengebieten und die Initiierung von über den Diskurs hinaus andauernden Kooperationen zwischen den Teilnehmern. Nach Stransfeld ist der Diskurs „in den noch optionsreichen frühen Stadien von (Technik-)Entwicklungen als ein gesellschaftliches Suchverhalten zu verstehen, das dazu beitragen soll, Umwege und Sackgassen zu vermeiden."[67] Dabei schließt das Diskursverfahren andere Verfahren wie Bürgergutachten und Mediationen nicht aus, die gesellschaftliche Komplexität erfordert eine variantenreiche Vielfalt von Formen technisch-sozialen Handelns.

d) An der Universität Bremen wurde in den Jahren 1985 bis 1988 ein dialogisches Forschungsprojekt mit Ingenieuren durchgeführt, bei dem es zentral darum ging, „mit interessierten Ingenieuren Brücken zwischen beruflicher und gesellschaftlicher Verantwortung zu finden."[68] Der Ansatz konzentrierte sich also auch auf die Berufsgruppe der Ingenieure, wobei diese in den moderierten Gesprächen in einer doppelten Betroffenheit zu Wort kommen sollten, nämlich als Akteure und treibende Kraft technischer Entwicklung und als passiv Betroffene eben dieser Entwicklung.[69] Gespräche wurden mit insgesamt neun Ingenieur-

[64] Ebd., 9.

[65] Stransfeld 1991, 8.

[66] Vgl. Stransfeld 1994, 21.

[67] Stransfeld 1994, 35.

[68] Senghaas-Knobloch/Volmerg 1990, 12. Weitere auswertende Betrachtungen finden sich auch in dem Text von Senghaas-Kobloch in diesem Band.

[69] Von den Folgen der technischen Entwicklung betroffen sind die Ingenieure ebenfalls in einer doppelten Weise: als Bürger der Gesellschaft und – was in den Gesprächen im Vordergrund stand – als Arbeitnehmer an einem technikdominierten Arbeitsplatz.

gruppen geführt, die allesamt mit Computer- bzw. Informations- und Kommunikationstechniken befaßt waren. Die Veranstaltungsreihe umfaßte zwei Gesprächsrunden und einen abschließenden Workshop, wobei die Runden durch Auswertung rückgekoppelt wurden. „Methodisch entscheidend war, daß auf diese Weise der dialogisch strukturierte Bearbeitungsprozeß kumulativ voranschreitet.“[70] Die Autorinnen gingen der Frage nach, wie ethisches und berufspraktisches Handeln bei Ingenieuren zusammenpassen. Hier zeigte sich, daß die Berufsrolle „kein den Individuen bloß äußerliches Bündel von Aufgaben“[71] darstellt, sondern tief im Selbstbild verankert ist. Deshalb können Konflikte zwischen moralischen Forderungen und beruflichen Zwängen nicht durch ethische Appelle aufgehoben werden, denn es besteht dann „die Gefahr, daß mit wachsendem moralischem Druck auch die Immunisierungstendenzen verstärkt werden (...).“[72] Deshalb sollte auf den beruflichen Kontext geachtet werden, denn Normen und Werte beziehen ihre Verbindlichkeit „aus ihrem Wert für die unmittelbare Lebenspraxis und nicht aus ihrer bloß kognitiv anerkannten bzw. konsensual legitimierten Notwendigkeit.“[73] Die Wichtigkeit der Nähe zur Berufspraxis zeigte sich auch in den differenten Perspektiven, die Ingenieure aus unterschiedlichen Berufsfeldern einnahmen. Es ließ sich deutlich unterscheiden, ob jemand direkt in der Entwicklung von Technologien arbeitet oder sie als betriebsorientierter Ingenieur anwenden muß. Die Autorinnen untersuchten die Wirkungen neuer Technologien in vier Dimensionen: Technikimmanente, soziotechnische, gesellschaftliche und kulturell-lebensweltliche Vor- und Nachteile. Im Fazit stellen sie fest: „Insgesamt zeigt sich in Ansätzen ein Paradigmenwechsel der Ingenieurverantwortung, weg von einer traditionellen, eingeschränkten technischen Funktionsverantwortung hin zu einem Bewußtsein der Mitverantwortung auch für unbeabsichtigte soziale Folgen.“[74]

e) In dem Projekt „Ethische Orientierung und Verantwortung in der Technikbildung“ wurden mit insgesamt 24 Experten aus der Abfalltechnik drei halbtägige Diskurse durchgeführt, die je thematisch gebunden waren.

Eine detaillierte Darstellung der Methode wie auch des Verlaufs und der Ergebnisse bietet der folgende Beitrag von Kornelia Werthebach.

[70] Senghaas-Knobloch/Volmerg 1990, 189.

[71] Ebd., 101.

[72] Ebd., 102.

[73] Ebd., 108.

[74] Ebd., 193.

## *Literatur:*


Akademie für Technikfolgenabschätzung in Baden-Württemberg (1993): Forschungsprogramm 1993/94. Stuttgart 1993.

Dies. (1994): Jahrbuch 1992/93. Stuttgart 1994.

Dies. (o. J.): Kurzinformation „Kooperativer Diskurs zur Entwicklung von Abfallbewirtschaftungskonzepten".

Apel, Karl-Otto (1992): Diskurs und Verantwortung. Das Problem des Übergangs zur postkonventionellen Moral. Frankfurt/M. 2. Aufl. 1992.

Ders. (1993): Diskursethik vor der Problematik von Recht und Politik: Können die Rationalitätsdifferenzen zwischen Moralität, Recht und Politik selbst noch durch die Diskursethik normativ-rational gerechtfertigt werden? In: Zur Anwendung der Diskursethik in Politik, Recht und Wissenschaft. Hg. v. K.-O. Apel, M. Kettner. Frankfurt/M. 2. Aufl. 1993, S. 29–61.

Cuhls, K. et al. (1995): Delphi-Bericht 1995 zur Entwicklung von Wissenschaft und Technik. Mini-Delphi. Endbericht an das Bundesministerium für Bildung, Wissenschaft, Forschung und Technologie. Karlsruhe 1995.

Habermas, Jürgen (1981): Theorie des kommunikativen Handelns. Bd. 1. Frankfurt/M., 4. durchges. Aufl. 1987.

Ders. (1990): Ein Baumeister mit hermeneutischem Gespür – Der Weg des Philosophen Karl-Otto Apel. In: W. Reese-Schäfer: Karl-Otto Apel zur Einführung. Mit einem Nachwort von Jürgen Habermas. Hamburg 1990, S. 137–149.

Ders. (1992 a): Erläuterungen zur Diskursethik. Frankfurt a. M. 2. Aufl. 1992.

Ders. (1992 b): Moralbewußtsein und kommunikatives Handeln. Frankfurt a. M. 5. Aufl. 1992.

Fietkau, Hans-Joachim (1994): Leitfaden Umweltmediation. Hinweise für Verfahrensbeteiligte und Mediatoren. WZB papers FS II 94–323. Berlin 1994.

Hastedt, Heiner (1991): Aufklärung und Technik. Grundprobleme einer Ethik der Technik. Frankfurt a. M. 1991.

Horster, Detlef (1991): Jürgen Habermas. (Sammlung Metzler. Realien zur Philosophie Bd. 266) Stuttgart 1991.

Hubig, Christoph (1993): Technik- und Wissenschaftsethik. Ein Leitfaden. Berlin, Heidelberg, New York 1993.

Lübbe, Hermann (1994): Der Lebenssinn der Industriegesellschaft. Über die moralische Verfassung der wissenschaftlich-technischen Zivilisation. Berlin, Heidelberg, New York 2. Aufl. 1994.

Reese-Schäfer, Walter (1990): Karl-Otto Apel zur Einführung. Mit einem Nachwort von Jürgen Habermas. Hamburg 1990.

Ropohl, Günter (1991): Technologische Aufklärung. Beiträge zur Technikphilosophie. Frankfurt a. M. 1991.

Senghaas-Knobloch, Eva (1993): Kompetenz und Interesse. Überlegungen zur Horizonterweiterung in der Technikbewertung. In: Arbeitsgerechte Softwaregestaltung. Leitbilder, Methoden, Beispiele. Hg. v. W. Müller, E. Senghaas-Knobloch. Münster, Hamburg 1993, S. 3–16.

Senghaas-Knobloch, Eva; Volmerg, Birgit (1990): Technischer Fortschritt und Verantwortungsbewußtsein. Die gesellschaftliche Verantwortung von Ingenieuren. Opladen 1990.

Stransfeld, Reinhard (1991): Neue Wege in der Technikfolgenabschätzung: Diskurse zur Informationstechnik. In: Jahresband 90 VDI/VDE Informationstechnik GmbH: Diskurse zur Technikfolgenabschätzung der Informationstechnik. Berlin 1991, S. 2–16.

Ders. (1994): Diskurse zur Technikfolgenabschätzung in der Informationstechnik. In: VDI/VDE Technologiezentrum Informationstechnik: Diskurse zur Technikfolgenabschätzung der Informationstechnik. Ergebnisse und Bewertungen. Berlin 1994, S. 7–40.

Verein Deutscher Ingenieure (1991): Richtlinie 3780: Technikbewertung. Begriffe und Grundlagen. Düsseldorf 1991.

Wellmer, Albrecht (1986): Ethik und Dialog. Elemente des moralischen Urteils bei Kant und in der Diskursethik. Frankfurt a. M. 1986.

Van den Daele, Wolfgang (1994): Technikfolgenabschätzung als politisches Experiment. Diskursives Verfahren zur Technikfolgenabschätzung des Anbaus von Kulturpflanzen mit gentechnisch erzeugter Herbizidresistenz. WZB papers FS II 94–301. Berlin 1994.

Van den Daele, Wolfgang; Döbert, Rainer (1995): Veränderungen der äußeren Natur – Partizipative Technikfolgenabschätzung (TA). In: Funkkolleg Technik Einschätzen – Beurteilen – Bewerten. Studienbrief 4. Tübingen 1995. Studieneinheit 11 S. 1–38.

Zimmerli, Walther Ch. (1990 a): Spezifische Problembereiche. In: Technik und Philosophie. Hg. v. Fr. Rapp (Technik und Kultur Bd. 1) Düsseldorf 1990, S. 259–287.

Ders. (1990 b): Ingenieurausbildung an der Schwelle zum technologischen Zeitalter. Grundsatzerwägungen zur veränderten Situation der zwei Kulturen. In: Wider die „Zwei Kulturen". Fachübergreifende Inhalte in der Hochschulausbildung. Hg. W. Ch. Zimmerli. Berlin, Heidelberg, New York. 1990, S. 3–23.

Ders. (1994): Unternehmenskultur – Neues Denken in alten Begriffen. Verantwortung, Technologie und Wirtschaft an der Schwelle zum Dritten Jahrtausend. In: Technikverantwortung in der Unternehmenskultur. Hg. v. W. Ch. Zimmerli, V. M. Brennecke. Stuttgart 1994, S. 3–15.

Ders.; Wolf, Stefan (1993): Die Bedeutung der empirischen Wissenschaften und der Technologie für die Ethik. In: Handbuch der christlichen Ethik Bd. 1. Hg. v. A Hertz et al. Freiburg, Basel, Wien. Aktualisierte Neuausgabe 1993, S. 297–316.

Kornelia Werthebach

# Umsetzung eines Ingenieurdiskurses: Das Projekt „Ethische Orientierung und Verantwortung in der Technikbildung"

In den letzten Jahrzehnten hat sich das Verhältnis vieler Menschen zur Technik erheblich gewandelt. Bis zur Mitte dieses Jahrhunderts fand das Fortschrittsdenken und seine Realisierung in immer neuen technischen Artefakten überwiegend Zustimmung, wenn auch technische Innovationen immer schon von Kritik begleitet wurden. Diese vornehmlich positive Bewertung neuer Technologien scheint sich in den letzten Jahrzehnten verändert zu haben. Der Fortschrittsgedanke hat seine positive Selbstverständlichkeit und Plausibilität verloren. In der Gesellschaft haben sich differierende Beurteilungskriterien für die Bewertung von Technik herausgebildet: eine zukunftsorientierte Technikbewertung erfolgt nicht mehr nur nach Gesichtspunkten wie Wirtschaftlichkeit und Funktionsfähigkeit, sondern hebt stärker Kriterien wie Umweltverträglichkeit, Lebensqualität und Nachhaltigkeit hervor.

Die geschilderte Entwicklung läßt den Ruf nach einer Technikethik wieder lauter werden. Man ist auf der Suche nach einer weithin respektierten Instanz, die in der Lage ist, neue technische Entwicklungslinien und Technologien zu beurteilen.

„Das Ziel allen technischen Handelns ist die Sicherung und Verbesserung menschlicher Lebensmöglichkeit durch Entwicklung und sinnvolle Anwendung technischer Mittel."[1] Dieser Grundsatz zeigt, daß unsere technisch-wissenschaftliche Kultur vielfach verbesserungsbedürftig ist. Jedoch fordert nun kein Ethiker den Ausstieg aus der Technik, sondern daß die Technik als „Dienst am Mitmenschen"[2] stärker in den Vordergrund gerückt werden müßte. Die Technikforschung sieht sich also der Frage gegenüber: Darf man alles realisieren, was sich technisch machen läßt?[3]

Die Berufsgruppe, die maßgeblich an der Technik und an ihrem Einsatz beteiligt ist, sind die Ingenieure. Ist es angemessen, ihnen die volle Verantwortung für die gesellschaftlichen und ökologischen Folgen ihres Handelns zu übertragen? Für den Ingenieur entsteht hier häufig der Konflikt zwischen der sog. „Feier-

[1] Verein Deutscher Ingenieure (Hg.), Technikbewertung – Begriffe und Grundlagen. Erläuterungen und Hinweise zur VDI-Richtlinie 3780, Düsseldorf 1991.

[2] F. Dessauer, Philosophie der Technik. Das Problem der Realisierung. Bonn 1927.

[3] G. Ropohl, Technik und Gesellschaft, in: H. Lenk/G. Ropohl, Technische Intelligenz im systemtechnologischen Zeitalter, Düsseldorf 1976, 108.

abendmoral" und dem beruflichen Alltag mit der Technik, d. h. berufliche Identität und persönliches Selbstverständnis scheinen sich zu entzweien. Technikbewertungsprozesse können daher nicht mehr nur auf die einzelne Person beschränkt bleiben, sondern müssen sinnvoll in den vielfältigen sozialen und kulturellen Hintergrund eingeflochten werden. Dieser weitreichende Prozeß macht eine transdisziplinäre Zusammenarbeit von Ingenieuren, Naturwissenschaftlern, Ökonomen, Philosophen, Sozialwissenschaftlern, Pädagogen etc. erforderlich. Hier liegt nun aufgrund der jeweils spezifischen kulturellen Eigenheiten, Sprachstile, Ziele und Interessen die Schwierigkeit, diese technischen, wirtschaftlichen, sozialen und politischen Kompetenzen zusammenwirken zu lassen. Dies führt oft zu einem wechselseitigen Abschieben der Verantwortung: Politiker verweisen auf die Sachkompetenz der Techniker und Gutachter, Ingenieure auf die der Politiker, Wirtschaftsexperten auf die des Gesetzgebers.

*Wie läßt sich die seit Beginn des Jahrhunderts beginnende Abkopplung von Technik, Naturwissenschaft und Wirtschaft von ethischen Grundfragen überwinden?*

Die Technikentwicklung müßte so gestaltet werden, daß sie Einschätzungs-, Beurteilungs- und Bewertungsprozesse überhaupt erst ermöglicht. Jeder Ansatz für eine Technikethik müßte sich zudem den nicht umkehrbaren Veränderungen stellen, die für die Technik selbst sowie für das sie umgebende gesellschaftliche Umfeld gelten. Eine Ethik der Technik beinhaltet jedoch auch immer die unabwägbare Komponente: „Zukunft" und somit ist die „Unwissenheit ein konstitutiver Faktor."[4]

Diese Überlegungen zeigen deutlich, daß für technikethische Entscheidungen neue „Orte" gefunden werden müssen, daß eine Reduktion und Einengung auf einen individualethischen Rahmen nicht länger haltbar sind. Für die Etablierung solcher neuer Orte sind verschiedene Ansätze denkbar: institutionen- und organisationsethische Ansätze, solche, die bei der Aus- und Weiterbildung für Ingenieure ansetzen (z. B. „Braunschweiger Modell", „Nürtinger Modell", Funkkolleg „Technik: einschätzen – beurteilen – bewerten")[5], solche, die Richtlinien und Kodizes der Berufsverbände einfordern (z. B. VDI-Richtlinie 3780, „Ethische Leitlinien

[4] W. Ch. Zimmerli, Informationstechnologie und kreative Kompetenz; in: Management '93. Ein Lesebuch. Wiesbaden 1992, 23–33.

[5] Vgl. W. Ch. Zimmerli, Ingenieurausbildung an der Schwelle zum technologischen Zeitalter, in: ders. (Hg.), Wider die „Zwei Kulturen", Berlin u. a. 1990, 3–23; Akademie für Technikfolgenabschätzung in BadenWürtemberg (Hg.), Jahrbuch 1992/93, Stuttgart 1994; Funkkolleg Technik. Einschätzen – beurteilen – bewerten. Deutsches Institut für Fernstudienforschung an der Universität Tübingen 1994.

der Gesellschaft für Informatik", „Ingenieureid")[6]; Ansätze, die in den Wirtschaftsunternehmen selbst einen Ort der Realisierung suchen[7] und schließlich auch Ansätze, die über die Gesetzgebung des Staates oder die Rechtsprechung besonders eingesetzter Gerichte einen Zugang suchen.[8]

Überblickt man diese Ansätze, so zeigt sich, daß die meisten ihr Augenmerk schon auf Durchsetzungsstrategien technikethischer Wertentscheidungen richten, daß aber kaum die Frage behandelt wird, wie es überhaupt zu solchen technikrelevanten Wertentscheidungen kommen kann, wer sie mit welcher Autorität vornehmen soll.

Richtlinien allein befreien den Ingenieur nicht aus dem Zwiespalt, einerseits dem Allgemeinwohl, andererseits dem Geschäftsinteresse des Unternehmers und dem eigenen Karriereinteresse verpflichtet zu sein[9] („kognitiv-lebenspraktische Dissonanz").[10] Die Frage ist, ob eine ethische Orientierung nur durch mehr Regulativa erreicht werden kann. Sollte nicht zusätzlich versucht werden, die Rahmenbedingungen im ingenieur- und technikwissenschaftlichen Handeln einer Reflexion zu unterziehen?

Hier erscheint es nun sinnvoll, unter den oben schon mehrfach angedeuteten Randbedingungen freie Dialoge der am Entscheidungsprozeß Beteiligten zu initiieren, d. h. Zentren des Diskurses und der Kooperation zu errichten, in denen Ingenieure an einer ethisch verantwortlichen Technikgestaltung mitwirken können. Dabei könnten die Orte, an denen diese Gespräche stattfinden, wechseln: denkbar sind Seminare in der Aus- und Weiterbildung, innerbetriebliche Diskussionsgruppen, parlamentarische Kommissionen, Diskussionsforen mit großer Öffentlichkeit, Strategiedialoge in Forschungslaboratorien o. ä. Mit dem Ort der Dialoge wechseln auch ihr Charakter, ihre Sprache und die Voraussetzungen an

6 Vgl. Verein Deutscher Ingenieure (Hg.), Technikbewertung – Begriffe und Grundlagen. Erläuterungen und Hinweise, VDI-Report 15, Düsseldorf 1991; Gesellschaft für Informatik: Ethische Leitlinien der Gesellschaft für Informatik, 1994; W. Meihorst, Ingenieure tragen Verantwortung für Mensch und Natur, in: Dt. Ingenieurblatt, Würzburg 12/95, 8–14.

7 Vgl. W.Ch. Zimmerli, Unternehmenskultur – Neues Denken in alten Begriffen, in: ders./V. M. Brennecke (Hg.), Technikverantwortung in der Unternehmenskultur, Stuttgart 1994, 3–15 (hier: 10); M. Dierkes/L. Marz, Unternehmensverantwortung und leitbildorientierte Technikgestaltung, in: ebda, 89–114.

8 Vgl. E. R. MacCormac, Das Dilemma der Ingenieurethik, in: H. Lenk/G. Ropohl, Technik und Ethik, Stuttgart 1987, 222–244; E. R. MacCormac, Die Wissenschaft und die Gerichte, in: H. Lenk (Hg.), Wissenschaft und Ethik, Stuttgart 1991, 175–192.

9 M. Baethge/J. Denkinger, Homo faber in Bedrängnis, in: B. Strümpel/M. Dierkes (Hg.), Innovation und Beharrung in der Arbeitspolitik, Stuttgart 1993, 311–359.

10 W. Ch. Zimmerli, Unternehmenskultur – Neues Denken in alten Begriffen, a. a. O. (Anm. 7)

Sachwissen.[11] Gemeinsam ist ihnen, daß es mehr oder weniger moderierte Gespräche mit freier Meinungsäußerung sind, die zu gesellschaftlichen Konsens- bzw. Dissensbildungen führen sollen.

Vor dem Hintergrund dieser Überlegungen versuchte das Projekt „Ethische Orientierung und Verantwortung in der Technikbildung“, einen Beitrag zur Ermöglichung von Kommunikation innerhalb kleiner Expertengruppen zu leisten.

## Das Projekt „Ethische Orientierung und Verantwortung in der Technikbildung“

Das Projekt „Ethische Orientierung und Verantwortung in der Technikbildung“, das von der Ingenieurkammer Niedersachsen mit Förderung durch die Hanns-Lilje-Stiftung der Ev.-luth. Landeskirche Hannovers durchgeführt wurde, wurde als Diskursprojekt angelegt.

*Zielvorstellungen / Zielsetzungen / Fragestellungen*

Das Diskursverfahren hatte sowohl die ethische Beurteilung eines Verfahrens als auch eines Sachverhaltes zum Ziel. Ein technikethisches Problemfeld sollte methodisch reflektiert innerhalb eines bestimmten Teilnehmerkreises bearbeitet werden. Es sollte herausgestellt werden, welche Rückschlüsse auf die Diskursanwendung in technikethischen Prozessen gezogen werden können. Es wurde ein hermeneutischer Prozeß bevorzugt, in dem sich deduktive und induktive Wege wechselseitig stützen sollten.

Die Diskursbegleitforschung versuchte, den Wertediskurs im Sachdiskurs zu finden, und ging der Frage nach, inwieweit der Diskurs zur ethischen Orientierung von Ingenieuren beitragen und ihr Verantwortungsbewußtsein stärken kann.

Von zentralem Interesse waren Fragen der Motivation, der Wahrnehmung von Verantwortung und Beschreibung des eigenen beruflichen Entscheidungsspielraumes von Ingenieuren; ferner die Dialog- und Reflexionsbereitschaft sowie Blockaden im Berufsfeld der Ingenieure (die Erfassung der Widerstände gegen Veränderungen, Skepsis gegenüber geisteswissenschaftlichen Belehrungen, Einmischungen usw.).

Ein Ziel war es, eine gemeinsame Gesprächskultur aufzubauen. Erwartet wurden hier weniger „greifbare“ Ergebnisse, als ein gemeinsames Gespräch, in dem der Wissens- und Erfahrungsaustausch für wichtiger erachtet wurde. Die Mode-

[11] T. Leithäuser, Sprache und Wissen im interdisziplinären Technikdialog, in: Technischer Fortschritt und Verantwortungsbewußtsein, Opladen 1990, 194ff.

on setzte keine inhaltlichen Vorgaben, es sollte auch kein inhaltlicher Konsens vungen werden, sondern ein Ausloten von „Konsensinseln" stattfinden. Es ten Aufklärungsprozesse in Gang gesetzt werden für die anstehende Technikaltung der Zukunft. Hierfür sollte ein angemessenes Klima und eine verensvolle Atmosphäre geschaffen werden.

Die übergeordneten allgemeinen Fragestellungen für dieses Diskursprojekt eten:

Inwieweit ist ein diskurspragmatischer Ansatz unter den spezifischen Vorausungen des Projekts, wie Ort und Thema, als eine Methode praxisnaher, techthischer Reflexion angemessen? Wie ist die Abkopplung von Technik, Naturenschaft und Wirtschaft von Grundfragen ethischer Orientierung zu überden? Kann der Diskurs die Kluft zwischen der beruflichen Identität und den lichen persönlichen Selbstzweifeln, die gerade kritische Ingenieure an sich tellen, überwinden helfen?

Des weiteren spielten folgende inhaltliche Aspekte innerhalb des Diskursveres eine Rolle:

- Analyse der Probleme aufgrund der angewandten Technik: d. h. eine Einschätzung der gegenwärtigen Situation und Abschätzung der zukünftigen Entwickung;
- Untersuchung von Chancen und Risiken, die im Prozeß der Entstehung und Ausbreitung der Technik/Technologie eine Rolle spielen;
- Verdeutlichung der individuellen Handlungsspielräume; Verstärkung der eigenen Urteilskraft;
- Sind technische, rechtliche, politische oder wirtschaftliche Lösungen denkbar?

Anhand dieser Fragestellungen und Aspekte sollte herausgefunden werden, Wert- und Sachaussagen in einem berufsbezogenen Diskurs miteinander verpft werden können, welche Freiheitsgrade für Ingenieure und Naturwissenftler unter den gegebenen Arbeitsbedingungen bestehen, um wertorientierte estellungen einzubringen. Das Hauptinteresse lag auf der Frage, wie die begten Ingenieure und Naturwissenschaftler ihr Expertenwissen mit ihren je önlichen Wertvorstellungen verknüpfen.

Um Klarheit in die Frage der Verantwortung und Verantwortbarkeit zu brin- wurde eine ganzheitliche Denkweise, in der technische und soziale Probleme griert werden, für erforderlich gehalten. Dies bedeutet, Ziele, Auswirkungen gesellschaftliche Folgen seines beruflichen Tuns zu erkennen, Alltagsroutinen urchbrechen. Durch den freien Austausch sollten Vorurteile abgebaut und ergehende Klärungen ermöglicht werden. Von den Teilnehmern wurde daher izipation und Offenheit sowie die Bereitschaft, die Dimensionen der Technikfolgen abzuschätzen, die Bereitschaft, von anderen zu lernen, und eine Offenheit der Ergebnisse gefordert.[12]

*Determinanten*

Das transdisziplinäre Projekt wurde von folgenden Faktoren bestimmt:
1. der Methode (moderierter Diskurs),
2. dem Thema (Abfalltechnik),
3. dem Ort der Veranstaltungen (die Ingenieurkammer) und
4. den Teilnehmern (Expertendiskurs).

1. Zur Methode

Die Methode des Projektes war der moderierte explorative Diskurs, in dessen Mittelpunkt noch ungeklärte Handlungsoptionen im Bereich von Technikentwicklung und Technikanwendung standen (insofern hatte der Diskurs einen innovativen Charakter). Unter Diskurs wurde eine Form der Auseinandersetzung verstanden, die als rationales Verfahren mit bestimmten Kommunikationsregeln das Ziel hat, bestehende Konflikte aufzudecken und zu ihrer Lösung beizutragen, und die offensichtlich geeignet scheint, im Bereich der Technikethik eingesetzt zu werden.

Der Diskurs sollte prozeßorientiert und probleminduziert sein, er sollte eine Kombination von Wert- und Sachdiskurs darstellen und von einer Moderation begleitet werden. Gerade um den prozessualen Charakter des Projekts zu betonen, wurden die geplanten Einzelveranstaltungen nicht von Beginn an mit einer Thematik belegt. Vielmehr sollte der Verlauf des Diskurses insoweit offen sein, daß die Themenfestlegung sich flexibel dem Gesprächsverlauf anpaßt. Der Diskurs wurde nicht mit normativen Vorgaben belastet, damit die Beiträge nicht heteronom verfälscht werden. Bezogen auf das Verfahren läßt sich also die Unterscheidung formulieren: „Diskurse über Moral im Pluralismus haben sich auf den formalethischenTeil zu begrenzen. Der materialethische Teil obliegt individuellen [...] Präferenzen."[13] Aus dem gleichen Grunde wurde nicht von Beginn an ein detailliert durchgeplantes Veranstaltungsschema erarbeitet; der Diskursprozeß sollte einige Rückkopplungselemente beinhalten, so daß für die Teilnehmer

[12] C. Hubig/H. Lenk/M. Maring, Technikethik aus dem Elfenbeinturm. Forderungen an die Ethik, in: Studienbrief 2, Funkkolleg Technik, Tübingen 1994, 26ff.

[13] W. Ch. Zimmerli/St. Wolf, Die Bedeutung der empirischen Wissenschaften und der Technologie für die Ethik, in: A. Hertz et al. (Hg.): Handbuch der christlichen Ethik, Freiburg i. Br. 1993, 316.

e Einflußmöglichkeit auf die Inhalte des Diskurses und den Verlauf des Ver- f ens bestand. Dieses Vorgehen hat sich in der Praxis bewährt.[14]

ede Diskursveranstaltung war dreigeteilt: einem Einführungsteil folgte in ei- n zweiten Teil eine Zusammenfassung des status quo zum jeweiligen Dis- k thema durch einen Referenten mit Praxiserfahrung; der dritte Teil schließlich f erte die Teilnehmer zu Bewertungen und Veränderungsvorschlägen auf. (Die V nstaltungen wurden mit Einverständnis der Teilnehmer und unter Zusiche- r von Anonymität auf Tonband aufgezeichnet.)

ie drei Diskursveranstaltungen waren miteinander über die Auswertungen, d die wissenschaftliche Begleitung auf Grundlage von Gesprächsprotokollen a rtigte und den Teilnehmern zwischen den Veranstaltungen zusandte, ver- b den.

ie Auswertung der Teilnehmerbeiträge durch die Moderatoren konzentrierte s besonders auf den dritten Teil und verlief in allen drei Diskursen ähnlich. V htig war, daß die Zuordnung und Interpretation der Beiträge nicht zu stark d h Vorannahmen der wissenschaftlichen Mitarbeiter beeinflußt wurde, d. h. d uswertungsmethode war weitestgehend induktiv angelegt. Die Auswertungs- e bnisse wurden den Teilnehmern zwischen den Veranstaltungen zugesandt. D erste Teil der folgenden Veranstaltung gab ihnen dann die Gelegenheit, diese A vertung kritisch zu diskutieren und zu modifizieren. Zugleich war diese R kblende für die neu hinzugekommenen Teilnehmer eine Möglichkeit, sich mit d Diskussionsstand vertraut zu machen. Durch diese thematische Kopplung e and eine Art „Dachziegelstruktur"; die Auswertung des dritten Teils einer V nstaltung war das Thema des ersten Teils der folgenden: die Veranstaltungen ü lappten sich also thematisch. So war eine Kontinuität für den gesamten D urs gewahrt. *(Abbildung 1)*

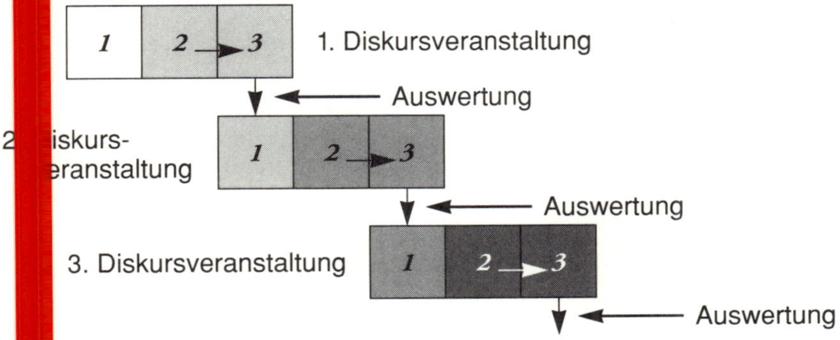


14 enghaas-Knobloch/B. Volmerg, Technischer Fortschritt und Verantwortungsbewußtsein, Opla- 1990, 189.

Die Auswertungen bestanden zunächst darin, die niedergeschriebenen Beiträge der Teilnehmer und die Transkripte der Tonbandaufzeichnungen zu sichten und zu strukturieren. Die Beiträge waren sowohl sach- als auch werteorientiert und wurden zunächst als Wertäußerungen interpretiert. Da die Gespräche nicht zielorientiert waren, standen diese Werte nicht ausschließlich in hierarchischer Ordnung (vgl. Wertbaumanalyse)[15] zueinander, sondern waren eher in einem Netz zu strukturieren, das die inhaltlichen Bezüge erkennen ließ und dem keine eigenen Kategorien aufoktroyiert wurden. Dies geschah, indem die thematische Nähe von Beiträgen zueinander durch Verbindungslinien kennzeichnet wurde. Zunächst war es wichtig, daß die Zuordnung und Interpretation der Beiträge nicht zu stark durch Vorannahmen der wissenschaftlichen Mitarbeiter beeinflußt wurden, d.h. die Auswertungsmethode war weitestgehend induktiv angelegt. (Natürlich war auch dieses Vorgehen mit Interpretationen verbunden; aus diesem Grunde war es wichtig, den Teilnehmern das Ergebnis zur kritischen Durchsicht zuzusenden.) Die Auswertung der Beiträge verlief mit einigen Modifikationen nach allen drei Veranstaltungen ähnlich.

Bei der Unterscheidung der Beiträge in Wertungen und Handlungsoptionen handelt es sich nicht um eine scharf konturierte kategoriale Trennung, sondern mehr um eine Nuancierung in der Betrachtungsweise. Werte und Normen sind ihrerseits handlungsleitend, und Handlungsoptionen und -präferenzen beinhalten somit zwangsläufig wertende Anteile. Für die Auswertung der Beiträge erwies es sich als besonders fruchtbar, diese als Handlungsoptionen zu interpretieren. Ein entscheidender Anteil der Beiträge brachte persönliche Haltungen und Verhaltensweisen zum Ausdruck, der sich durch Korrelation mit den mehr thematisch bezogenen, als Handlungsoptionen interpretierten Beiträgen als sehr aufschlußreich erwies. *(siehe Abbildung 2)*



[15] R. L. Keeney, Die Wertbaumanalyse: Entscheidungshilfe für die Politik, München 1984, 18ff.

Abbildung 2: Projekt „Ethische Orientierung und Verantwortung in der Technikbildung“

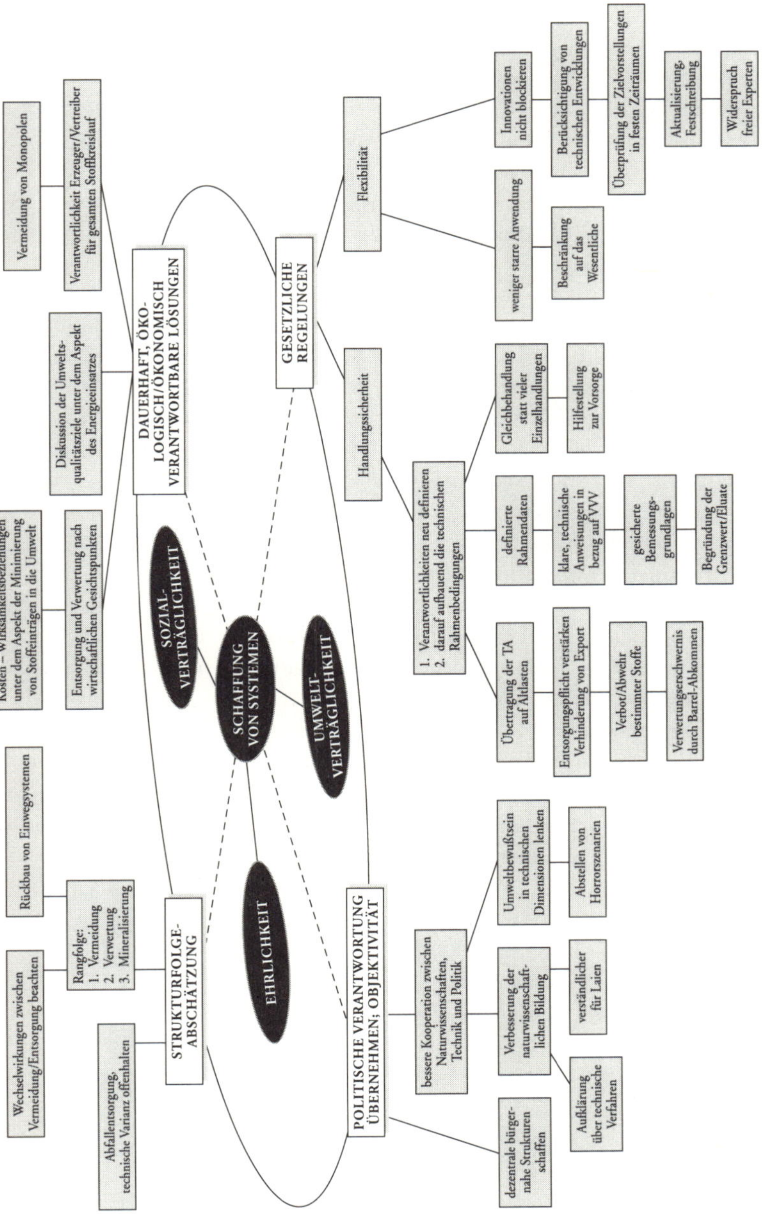

Es wurde versucht, einen Austausch von Meinungen zu ermöglichen, in dem die Beteiligten sowohl ihre Wertvorstellungen und Werturteile als auch ihre Sachargumente darlegen und diskutieren konnten. Der Diskurs sollte dabei frei und assoziativ geschehen, eine Moderation, die zum Teil von den Diskutierenden mitbestimmt wurde, bildete den äußeren Rahmen der Diskussion. Weiterhin sollte die Moderation dazu beitragen, daß möglichst viele Meinungen zu Wort kommen und einen konstruktiven Dialog bilden konnten. Schließlich wurde durch die Konfrontation mit fremden Sichtweisen auch die kritische Reflexion der eigenen Sicht und möglicherweise letzten Endes eine Revision der eigenen Position erleichtert.

Ein weiteres Ziel war, im Verlauf des Diskurses eine Unterscheidung von Wert- und Sachurteilen vorzunehmen, um so einen nicht unerheblichen Beitrag zur Versachlichung des Konfliktfeldes zu schaffen. Eine mögliche Lösung stellt hier ein Wertediskurs dar, der als Grundlage für die Diskussion und Begründung sowohl technisch-wissenschaftlicher Optionen als auch für den Entwurf gesellschaftlicher Zukunftsvorstellungen dienen kann. Da aber jede Aussage einen bewertenden Anteil enthält, ist es schwer, bei dem Versuch, zu Entscheidungen zu kommen, hinter den Argumentationsformen nicht immer auch eine Interessendurchsetzung zu finden.

Gerade die spezifischen technischen Randbedingungen machen einen wichtigen Teil des ethischen Problems aus: das Entscheidende an moralischen Urteilen, so stellt Wellmer fest, sind „die *Angemessenheit* und relative *Vollständigkeit* von Situationsbeschreibungen, einschließlich der in einer Situation gegebenen Handlungsalternativen."[16]

Ein gesellschaftsweiter Diskurs kam schon deshalb nicht in Frage, da dies einen hohen Aufwand an Übersetzungsarbeit der spezifisch ingenieurwissenschaftlichen Beiträge notwendig gemacht hätte, da technikorientierte Probleme im Vordergrund gestanden hätten und die Ingenieure angemessen zu Wort hätten kommen sollen. Eine solche Übersetzungsaufgabe ist von hoher Wichtigkeit; nur zeigt die Erfahrung bei ähnlichen Vorhaben, wie aufwendig sie sein können.[17]

Zudem, und dies war für den Prozeß der Auswertung von großer Wichtigkeit, hatten die Moderatoren keine Supervisorenrolle, sondern setzten lediglich den Gesprächsrahmen und gaben Gesprächsimpulse. Die Teilnehmer stellten keine Probanden in einem psychologischen Testfeld dar, sondern mündige und auto-

[16] A. Wellmer, Ethik und Dialog, Frankfurt a. M. 1986, 131.

[17] Akademie für Technikfolgenabschätzung (Hg.), Jahrbuch 1992/93, Stuttgart 1994, 46ff.

n e Subjekte, die zu eigenen moralischen Urteilen im Diskursrahmen aufgefor-d werden sollten.[18]

Volmerg/Senghaas-Knobloch[19] sehen in einem Diskurs für Ingenieure die C nce, innere Spannungen – sowohl innerhalb der Gruppe als auch persönli-c – , die gerade kritische Ingenieure an sich selbst feststellen, in einer produk-t Auseinandersetzung mit den anderen Gruppen und Disziplinen abzubauen.

## 2 Zur Thematik

*W he Technologie sollte im Diskurs thematisiert werden?*

m Mittelpunkt des Projektes stand ein transdisziplinärer Diskurs am Beispiel a eller Probleme der Abfallwirtschaft. Dieser konkrete Technikbereich, die A lltechnologie, wurde bewußt von bestimmten Erfahrungs- und Wissensbe-z n her betrachtet, d. h. an konkrete Erfahrungen aus Alltag, Beruf und Politik g nden. Eine Intensivierung der Selbstreflexion von Ingenieuren sollte sinnvoll v dem Hintergrund der eingebundenen vielfältigen sozialen und kulturellen P esse vollzogen werden. Über Alltagserfahrungen und Handlungsoptionen e s Ingenieurs konnten Erfahrungen im Diskursverhalten vermittelt werden u Problemlösungsstrategien für komplexe Zusammenhänge angeregt werden.

Der Diskursgegenstand „Abfall" wurde gewählt, da er das Kriterium der „ roffenheit", sowohl des einzelnen als Mitglied der Gesellschaft als auch der I nieure in der Ausübung ihres Berufes, erfüllte. Viele Ingenieure sind mit dem n alischen Dilemma konfrontiert, daß sie als Individuum z. T. anders handeln v en, als sie ihrer Meinung nach aufgrund ihrer Stellung innerhalb der Insti-t on, des Unternehmens oder der Gesellschaft handeln können. Ein Diskurs-v ahren könnte u.a. zu der Erkenntnis beitragen, daß der eigene Spielraum grö-f als bisher angenommen ist. Ingenieure sollten sich in Fragen von Technikbe-w ung in eine Distanz zu ihrer beruflichen Abhängigkeit bringen.

Die genaue Themenfestlegung für den ersten Diskurs wurde bei einem V bereitungstreffen mit Abfallexperten erörtert. Die Ermittlung der Themen-s ung hatte einen hohen Stellenwert, denn sie durfte nicht losgelöst von den ge-s chaftlichen Problemen und Diskussionen erfolgen, sondern mußte die unter-s edlichen Betrachtungsweisen und Interessenlagen deutlich werden lassen.

Für das Thema des ersten Diskurses einigten sich die Teilnehmer auf die The-n isierung der „Zwänge", unter denen im Abfallbereich gearbeitet werden muß.

1 Volmerg/E. Senghaas-Knobloch, Technikgestaltung und Verantwortung, Opladen 1992, 29–89.

1 d., 141.

(Welche Gesetze/Richtlinien engen ein? Welche Freiräume und Einflußmöglichkeiten bleiben dem Ingenieur? Wann „muß“ das Privatinteresse aufhören? Wie kann Abfall „am umweltverträglichsten“ entsorgt werden?) Insbesondere wurde der Wunsch geäußert, die technischen Anweisungen – TA Abfall und TA Siedlungsabfall[20] – zu thematisieren, da diese offensichtlich in besonderer Weise in die Handlungsmöglichkeiten der Ingenieure eingreifen. Die dort festgeschriebenen Richtgrößen und -linien sind ihrerseits durch eine bestimmte Werthaltung geprägt und können deshalb mit den persönlichen Werthaltungen sowie dem eigenen Sachwissen der Ingenieurinnen und Ingenieure vor Ort konfligieren. Die weitere thematische Festlegung erfolgte im ersten Diskurs (s. unten S. 96f.).

## 3. Zum Ort

Der Diskurs des Projektes „Ethische Orientierung und Verantwortung in der Technikbildung“ hatte seine spezifische Charakteristik gerade durch den Ort, an dem er stattfand. Es war dies eine berufsständische Vertretung, die Ingenieurkammer Niedersachsen. – Damit sich langfristig gesehen ein gesellschaftlicher Diskurs über die Zukunft der technisch-wissenschaftlichen Zivilisation entwickelt, ist eine aktive Mitwirkung von Kammern, Vereinigungen und Verbänden eine große Herausforderung, hierbei eine integrative Funktion zu übernehmen.

So wurden Überlegungen angestellt, daß „soziologisch zu bestimmende Orte“[21] geschaffen werden müßten, an denen die angedeuteten Probleme öffentlich gemacht werden können, somit die soziale und fachbedingte Isolation aufgebrochen werden könnte, und an denen sich die Möglichkeit eröffnet, über Fachgrenzen hinweg, transdisziplinäre Gespräche und wechselseitige Informationen stattfinden zu lassen. Dabei sollte die Integration von Fachkompetenzen als Dialogpartner über eine gemeinsame Basis angestrebt werden.

Für die Diskursbegleitforschung standen die Vertreter des Ingenieurberufes im Mittelpunkt des Interesses, während in gesellschaftlichen Diskursen die Gruppe der Ingenieurinnen und Ingenieure nur eine unter vielen gleichberechtigten ist. In diesem Projekt konzentrierte sich die Untersuchungsperspektive allein auf diesen Berufsstand.

Zudem berücksichtigt der Ort unmittelbar die Gestaltung des Diskursprojektes. Mit der Inszenierung eines Diskurses wurde zugleich eine neue soziale Einrichtung auf Zeit geschaffen: eine Diskursgruppe von Abfallexperten unter dem Dach der Ingenieurkammer Niedersachsen. Die Auswertung des Diskurses konn-

[20] Abfallbeseitigungsrecht für die betriebliche Praxis: Bd. 2 Technische Anleitung Abfall, TA Siedlungsabfall, Augsburg 1991.

[21] Vgl. oben den Beitrag von F. Vogelsang, 57–82.

t... außer analytischen Erkenntnissen auch Erfahrungen beinhalten, welche E...nheiten, Schwierigkeiten, aber auch Möglichkeiten und Chancen eine solche D...kussionsgruppe an dem spezifischen Ort einer berufsständischen Vertretung b...et.

## ... Zur Teilnehmerstruktur

*... waren die Teilnehmer und wie sah deren Berufsfeld aus?*

Der Auswahl der Teilnehmer ging eine Analyse des Berufsfeldes voraus. Es ...ßen sich grob fünf unterschiedliche Kategorien identifizieren, denen die Inge...ure und Naturwissenschaftler zugeordnet werden konnten: Öffentlicher ...nst/Verwaltung, Ingenieurbüros, Großindustrie, Hochschule und Beratung/...itik. Entsprechend diesen fünf Kategorien wurde versucht, Teilnehmer zu ...innen. Dabei begann die Suche bei einigen der Kammer nahestehenden ...sonen und wurde Schritt für Schritt erweitert. Die Resonanz läßt darauf schlie...n, daß die Fragen einer Ethik der Technik in der Berufswelt der Ingenieure ...nt vorhanden sind und zu Antworten drängen. Letztlich bestand die Gruppe ... 25 Experten aus dem Bereich Abfalltechnik. Zur Mitwirkung an den einzel...n Diskursen kamen je ca. 15 Interessenten aus Industrie (3), Forschung (3), ...erwaltung (2), Beratungs- und Planungszusammenhängen (3) und aus den ...itionen des Managements (4).

Diese möglichst breite berufsfeldbezogene Verteilung der Teilnehmer berei...herte die Beiträge (Alltagserfahrungen und Handlungsoptionen) im Diskurs, da ...eder aus seinem eigenen Kontext heraus argumentierte und bewertete und somit ...erschiedene Perspektiven/Einsichten aus der Praxis zur Geltung kamen. Die brei...te Streuung der Antworten bedeutete für die Diskursteilnehmer eine Vielfalt an Informationen und die Möglichkeit einer Erweiterung ihrer Erkenntnisse und Er...ungen, die in die eigene Urteilsfähigkeit in Konfliktfällen einfließen konnte.

### *Z...n Projektablauf*

Das Diskursprojekt wurde in folgende Phasen unterteilt:

1. Phase der Themen- und Methodenfindung
2. Phase der Themenauswahl in den Diskursen
3. Phase der Durchführung und Auswertung
4. Phase der Vermittlung der Ergebnisse in der Öffentlichkeit

In einem ersten Vorgespräch mit Experten aus der Abfalltechnik im November 9... war es neben der Themenauswahl wichtig, das Interesse von Ingenieuren an ei...er möglichen Teilnahme kennenzulernen, um so das Zeitvolumen, das die Teilnehmer in das Projekt zu investieren bereit sein würden, abzuschätzen. Schließlich wurde der Kontakt zu weiteren Interessenten für die folgenden Diskurse aufgenommen.

Es wurde ein zusammenhängendes Schema für die drei Veranstaltungen entworfen, um so ihre Kontinuität sicherzustellen. Um den Diskussionsprozeß eng an die gegebene Berufspraxis anzubinden, wurde zu den verschiedenen Diskursthemen jeweils ein Referent mit Praxiserfahrung und Hintergrundwissen zu ökonomischen bzw. politischen Fragestellungen gesucht (vgl. oben S. 88f.).

*Darstellung der Diskursergebnisse*

Es ließen sich drei Ebenen, denen die Ergebnisse zugeordnet werden können, unterscheiden: die Sachebene (in diesem Fall Lösungen im Bereich der Abfalltechnik), die Werteebene (Klärungsprozesse in dem Bereich der persönlichen Einstellungen der Teilnehmer) und die Metaebene (Erkenntnisse über das angewendete Verfahren, hier die Diskursethik). Es wurde deutlich, daß jeder der in dem Diskurs Beteiligten eigene Ziele verfolgte und so ein von allen akzeptiertes Ergebnis auf den ersten beiden Ebenen kaum zu erwarten war.

Innerhalb eines geschlossenen Rahmens konnten die teilnehmenden Ingenieure sich ohne Profilierungsdruck von außen austauschen. Im gemeinsamen Dialog wurden verhärtete Positionen hinterfragt, unterschiedliche Positionen näherten sich an, gegenseitiges Verständnis konnte geweckt werden. Im Verlauf der sachorientierten Diskussion kamen immer wieder die damit zusammenhängenden Wertfragen zum Vorschein. Urteile, die sonst eher gefühlsorientiert getroffen wurden, konnten in dem Diskurs bewußt thematisiert und auf ihre Stichhaltigkeit hin geprüft werden, d. h. im Prozeß des Diskurses wurden Wertvorstellungen, die in der täglichen Arbeit implizit vorhanden sind, explizit herausgearbeitet.

Ergebnisse des 1. Diskurses:
Aussagen zur Arbeit mit den Technischen Anleitungen
– TA Abfall und TA Siedlungsabfall –

Die erste Diskursveranstaltung war eine moderierte Diskussion, die durch den thematischen Impuls „TA-Abfall und TA-Siedlungsabfall" motiviert war. Nach einem ersten Teil (Kennenlernphase) wurde den Teilnehmern in einem zweiten Teil, einer mehr sachorientierten Diskurseinheit, nach einführenden Hinweisen zum Diskursverfahren die Gelegenheit gegeben, ihre Erfahrungen zum o. g. Thema zu äußern. Während des dritten mehr werteorientiert ausgerichteten Teils wurde das Spannungsfeld zwischen Konsensherstellung und Dissens deutlich.

Als Ergebnisse des ersten Diskurses lassen sich zusammenfassen:

Grundsätzlich konnten vier thematische Bereiche mit wesentlichem Einfluß für eine ethische Betrachtungsweise der Abfalltechnologie identifiziert werden: Politik, Ökonomie, Ökologie und gesetzliche Regelungen, die als Themen der folgenden Diskurse im Juni und Oktober 1995 festgelegt wurden.

Die teilnehmenden Ingenieure bedauerten einerseits die Einschränkung der individuellen Handlungsfreiheit durch die zu große Reglementierung der Technischen Anweisungen, an die sie gesetzlich gebunden sind; andererseits gab es gleichzeitig den Ruf nach mehr Handlungssicherheit (bzw. Entscheidungs- und Investitionssicherheit).

*Handlungssicherheit* in der Arbeit der Abfallexperten entsteht dann, wenn genau definierte technische Rahmenbedingungen vorgegeben sind. Sie entlasten den einzelnen Experten von Grundsatzentscheidungen, er muß nicht die ganze Last der Verantwortung selbst übernehmen. Die Handlungssicherheit wird tendenziell größer, je genauer die gesetzlichen Vorgaben sind.

Dem widerspricht ein anderes Bedürfnis, das dem Stichwort *„Flexibilität"* zugeordnet werden kann. Der Stand der Technik im Bereich der Abfalltechnik wandelt sich sehr schnell, gesetzliche Festlegungen veralten mit analoger Schnelligkeit und schreiben dann einen alten Stand der Technik fort. Dadurch ist das Bedürfnis der Abfallexperten groß, die hinzugewonnenen, neueren Kenntnisse und Erfahrungen auch in ihrer Arbeit umzusetzen. Dies wird aber durch zu detaillierte gesetzliche Vorgaben oft behindert.

Diese beiden Forderungen widersprechen sich. Jedoch wurde auf die Wertsysteme und richtungsweisenden Kriterien verwiesen, die hinter den gesetzlichen Regelungen stehen. Lenkt man die Aufmerksamkeit auf diesen Wertehintergrund, so zeigt sich, daß sowohl der Forderung nach Handlungssicherheit als auch der Forderung nach Flexibilität nachgekommen werden kann:

Gerade an diesem Punkt zeigt sich, daß die Frage nach Werten nicht eine sekundäre ist, die erst nachträglich in Ethikdebatten an Ingenieure herangetragen werden sollte, sondern daß Wertentscheidungen ihren Berufsalltag immer schon bestimmten. Ein erheblicher Mangel besteht allerdings darin, daß solche Wertentscheidungen kaum explizit diskutiert werden können, da hier keinerlei *Transparenz* herrscht. Die Ingenieure müssen die durch Verordnungen geregelten Vorgaben akzeptieren, ohne den Prozeß der Wertediskussion und deren Konkretisierung jederzeit nachvollziehen zu können. Der Diskussionshintergrund der Festlegungen wird aber gerade dort dringlich, wo neue Erkenntnisse oder besondere Rahmenbedingungen neue, individuelle Festlegungen durch den Praktiker vor Ort erforderlich machen, wo also die gesetzlichen Vorgaben nicht genügen.

Ein weiterer wichtiger Diskussionspunkt waren die unterschiedlichen „Zeithorizonte“, die bei der Koordinierung der Aktivitäten in den Einzelbereichen von entscheidender Wichtigkeit sind. Überhaupt wird in den Bereichen Ökonomie, Politik, Strukturpolitik und Gesetzesvorhaben mit zum Teil sehr unterschiedlichen Zeitrastern und -vorgaben gearbeitet. In der Wirtschaft geschieht die Offenlegung der Bilanzen einer Aktiengesellschaft jährlich; die politischen Repräsentanten werden in der Regel alle vier Jahre neu gewählt; Strukturveränderungen sind dagegen langwierig und nur über große Zeiträume hinweg sinnvoll zu konzipieren. Durch diese unterschiedlichen Zeiträume sind aber die Aktivitäten innerhalb der einzelnen Bereiche oft nicht kompatibel. Somit geht oft wertvoller Sachverstand verloren und beim zeitaufwendigen Vollzug geht der neueste Stand der Technik ebenfalls verloren. Gesetzesvorhaben z. B. brauchen zum Teil einen sehr langen Vorlauf, bis das Gesetz schließlich ratifiziert wird. Diese Zeitspanne ist aber angesichts der immer rascher aufeinanderfolgenden Innovationsschübe in der Technik ein grundsätzliches Problem. Es entsteht zwangsläufig ein Vollzugsdefizit, bestimmt durch eine lange gesetzgeberische Phase. Dies ist zwar vom Gesetzgeber erkannt, eine Beschleunigung aber nicht ohne weiteres möglich. Schon jetzt müssen die an der Gesetzgebung beteiligten Ingenieure unter hohem Zeitdruck arbeiten. Mit dem Faktor Zeit ist also auch eine strukturelle Schwierigkeit benannt, die umfassende Lösungsansätze erheblich erschwert.

Die ethische Ebene wurde bei diesen expliziten Äußerungen nur implizit mit angesprochen; Werte, wie *Sicherheit*, *Nachhaltigkeit*, *Transparenz* und *Effizienz* wurden immer implizit mit einbezogen.

*Wie müßte ein neuer Ansatz der TA unter Berücksichtigung der gesamtgesellschaftlichen Verantwortung nach Meinung der teilnehmenden Ingenieure aussehen?*

Ein solcher Ansatz sollte:

- klare, technisch gesicherte Anweisungen mit Begründungen beinhalten; sich auf wesentliche Rahmenbedingungen, -linien, -daten beschränken;
- vorausschauend-vorbeugende, nachhaltige Lösungen bieten, die die Wechselwirkungen ökologischer, politischer und ökonomischer Art berücksichtigen;
- Überprüfung der Zielvorstellungen in festen Zeiträumen erlauben;
- Raum für mehr Flexibilität bieten, da verschiedene Techniken und Anwendungen auch differenzierte Umgangsweisen erforderlich machen.

Werte wurden als solche nicht explizit benannt!

## Ergebnisse des 2. Diskurses: Aussagen zum Einfluß wirtschaftlicher Interessenlagen auf Entwicklung und Anwendung von Abfalltechnik

Ein zentrales Thema des zweiten Diskurses war das Problem der Monopolisierungsbestrebungen im Bereich der Abfallwirtschaft.

Insbesondere wurde die Befürchtung geäußert, daß große Unternehmen nach einer Konsolidierung ihrer Macht auf diesem Wirtschaftssektor die technischen Standards für zukünftige Entwicklungen festzulegen imstande sind. Dies ließ sich besonders gut am Beispiel von Müllverbrennungsanlagen demonstrieren: Zum Bau dieser Anlagen sind hohe Investitionen notwendig, die eine lange Betriebszeit mit großer Auslastung erfordern, um abgeschrieben werden zu können. In diesem Zeitraum, etwa 20 Jahre, besteht dann jedoch kein nennenswertes wirtschaftliches Interesse, neuere und effizientere Techniken zum Einsatz kommen zu lassen.

Weiterhin wurde auf den problematischen Einfluß großer Unternehmen im politischen Raum hingewiesen, der sich durch Lobby-Arbeit vor allem bei Gesetzgebungsverfahren auswirkt. Bezogen auf das Beispiel der Müllverbrennungsanlagen kann in diesem Zusammenhang die Festlegung des organischen Anteils im Abfall durch die TASI genannt werden, der letztlich nur durch Verbrennung zu erreichen ist. Damit ist die Entscheidung für Müllverbrennung vom Gesetzgeber präjudiziert. Durch den Bau großer Anlagen werden andererseits Fakten geschaffen, die der Gesetzgeber in Verordnungen nicht mehr ignorieren kann. So entsteht aus dem Zusammenwirken von Gesetzen, Bau von Großanlagen und wirtschaftlichen Interessen eine große, sich selbst stabilisierende und inflexible Struktur.

Ein weiterer Aspekt war die *Sozialverträglichkeit*: die Verbraucher werden nach dem Bau von Müllverbrennungsanlagen zunächst mit höheren Entsorgungspreisen zu rechnen haben, wodurch besonders die Sozialverträglichkeit in Frage gestellt wird. Es ergibt sich dann der kontraproduktive Effekt, daß bei Abfallvermeidung die Preise pro Einheit Abfall steigen werden, da sich die teuren Anlagen rentieren müssen. Das Vermeidungsverhalten der Verbraucher wird somit nicht positiv, sondern negativ sanktioniert, und letztlich könnten so aus Umweltgründen erhöhte Preise sogar die Sozialverträglichkeit in Frage stellen.

Das wirtschaftliche System gibt also zu großen Veränderungen keinen unmittelbaren Anreiz. Vermeidungsstrategien sind eher durch Veränderung der Lebensformen der Bevölkerung und ihres Konsumverhaltens, durch Verzichtleistungen aufzubauen. Doch auch hier muß sich zeigen, daß Vermeidung sich lohnt. Notwendig wären hierzu politische Anreizsysteme.

Ergebnisse des 3. Diskurses:
Aussagen zum Einfluß politischer Entscheidungsprozesse
auf die Entwicklung/Anwendung von Abfalltechnik

Politische Konzepte sind einem ständigen Veränderungsdruck unterworfen, der umso schwerer wiegt, als die zu fällenden Entscheidungen in der Abfallpolitik nur für große Zeiträume sinnvoll sind. Mit dem Stand der Technik, aber auch mit dem steigenden Umweltbewußtsein verändern sie sich kontinuierlich. Dies läßt sich schon an den Begriffen ablesen, die in verschiedenen Gesetzesinitiativen im Zentrum standen: 1972 ging es noch um Abfallbeseitigung, 1986 um Abfallverwertung, heute dagegen eher um Kreislaufwirtschaft und künftig wohl verstärkt um Abfallvermeidung. Abfallpolitik ist also nicht nur Umweltpolitik, sondern darüber hinaus Bildungs-, Forschungs-, Finanz- und Wirtschaftspolitik: ein Thema, das als Querschnittsaufgabe nur transdisziplinär in Teams sinnvoll bearbeitet werden kann.[22]

Es wurde einer grundsätzlichen Skepsis über die Reichweite und Wirkkraft von Gesetzen Ausdruck gegeben. Müßte nicht bei so umfänglichen Vorhaben wie der Restrukturierung des gesamten Stoffflußsystems auch angesichts einflußreicher Bestrebungen zu Deregulierungen eher auf die freiwillige Unterstützung von motivierten Menschen gesetzt werden? Andererseits, so ein Gegenargument, kann gerade von wirtschaftlichen Akteuren kein moralischer Opfergang erwartet werden, hier haben die Gesetze die Funktion, kollektive Verhaltensänderungen bei bestehender Wettbewerbssituation zu ermöglichen.

Besonders hervorzuheben sind hier vor allem die Forderungen nach Transparenz und Nachvollziehbarkeit. Wenn sich die Politik explizit auf Wertvorstellungen bezieht, müssen diese erst einer Erklärung unterzogen werden, damit die Vieldeutigkeit eines Wertes nicht zu einem populistischen Mißbrauch führt.

Neben der Bedeutung des technischen und wirtschaftlichen Expertenwissens wurde vor allem die Beteiligung von Betroffenen am politischen Prozeß betont. Es wurde deutlich, daß das Handeln der Technikexperten zum einen von der Akzeptanz der Betroffenen abhängt; zum anderen gilt aber auch in umgekehrter Richtung, daß die Experten die Aufgabe haben, ihr Wissen zu vermitteln, um durch Umwelt-Bildung, also durch erhöhtes Sachwissen, das freiwillige Verhalten der Bürger zu beeinflussen (d. h. außerhalb des engeren Politikbereiches werden ergänzende Formen der Bürgerbeteiligung gefordert.) Ingenieure implizieren die Vorstellung, daß je mehr der Bürger weiß, desto eher handelt er moralisch. *(Abbildung 3)*

[22] Vgl. auch die Empfehlung des VDI zur Integration fachübergreifender Studieninhalte in das Ingenierstudium. Düsseldorf 1990.

*Abbildung 3:* **Einflußfaktoren auf den politischen Entscheidungsprozeß** 
**Projekt: „Ethische Orientierung und Verantwortung in der Technikbildung“**

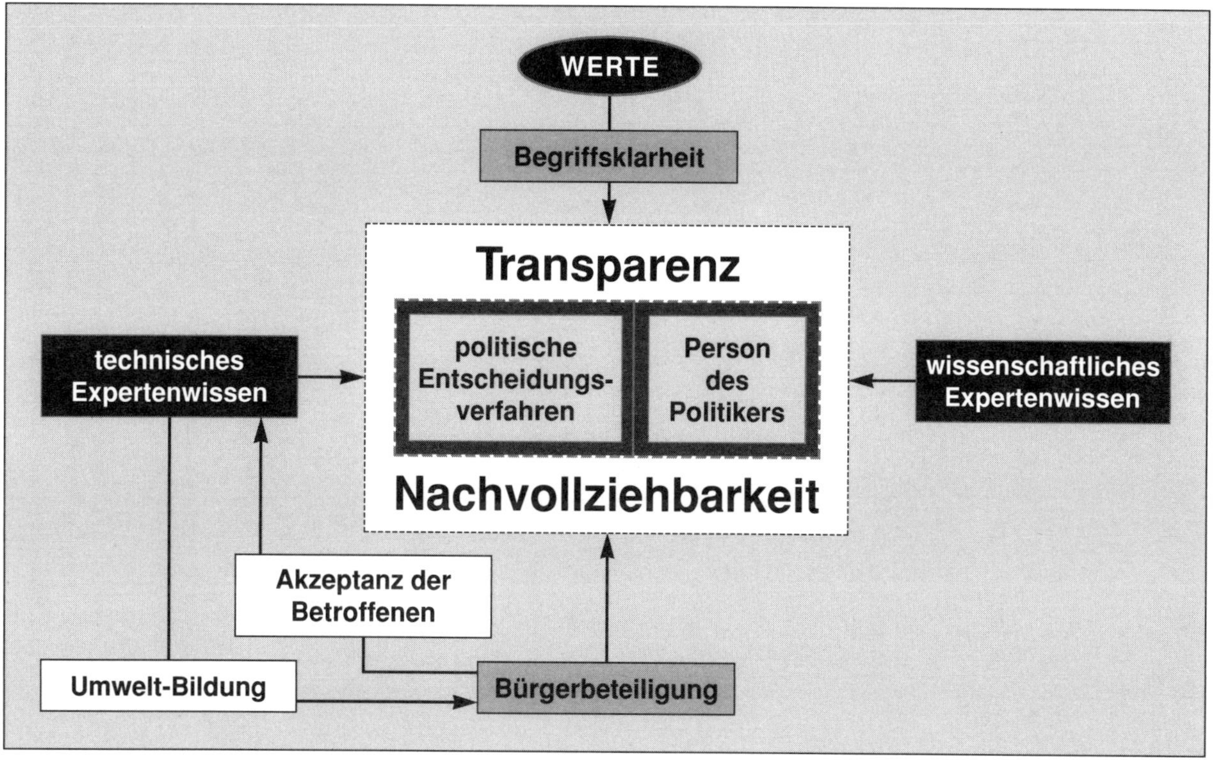

Diskursübergreifende Ergebnisse:
Generelle Aussagen zu technikbedingten Problemen im „Abfallbereich“

Alle Teilnehmerinnen und Teilnehmer äußerten ihre Unzufriedenheit und eine gemeinsame Betroffenheit über die absehbare Gefährdung der Umwelt durch Abfall. Die Bedeutung dieser Gefährdungen wurde je nach beruflichem Standpunkt verschieden beurteilt.

Folgende Lösungsvorschläge wurden geäußert:

1. Technische Unzulänglichkeiten erfordern mehr Sicherungszwang, auch in Form von rechtlichen Schutz-Regelungen (Sicherheit bedeutet jedoch auch Einschränkung der Handlungsfreiheit).
2. Einige Ingenieure vertrauten auf den Fortschritt in der Technikentwicklung selbst (Technische Innovation).
3. Es wurde eine verbesserte Aufklärung sowohl von Laien als auch von technischen Akteuren über die anzuwendenden Techniken/Technologien gefordert.

Die Abweichungen in den Bewertungsweisen hingen vor allem von der unterschiedlichen Einschätzung der Folgenschwere von Schäden und Fehlentwicklungen ab. Generell möchte jeder Teilnehmer diese Gefährdungen vermeiden können.

Außer den bereits o. g. genannten Faktoren wurden von den Teilnehmern noch folgende thematischen Aspekte diskutiert:

Unter welchen Bedingungen entwickelt sich die Abfalltechnologie
und wie wird sie verbreitet?

Die Arbeit der beteiligten Ingenieure und Ingenieurinnen aus Wirtschaft, Forschung und Verwaltung wird von folgenden Faktoren beeinflußt:

– Technikentwicklung ist u. a. auch eine „Spielwiese“ für den Entdeckergeist von Ingenieuren;
– Ingenieure haben gelernt, unter Anwendung naturwissenschaftlicher Gesetze und praktischer Erfahrungen Lösungen für technische Probleme zu finden. Die Auseinandersetzung mit den nichttechnischen Folgen ihres Handelns beinhaltet jedoch auch soziale, ökologische und andere Fragestellungen. Dies gehört jedoch explizit (noch) nicht zu ihrer Ausbildung;
– Arbeitsinhalte werden vom Arbeitgeber vorgeschrieben und unterliegen dem Wirtschaftlichkeitskalkül und den Marktstrategien des Unternehmens, denen man sich nur sehr schwer entziehen kann;

- die politische Steuerung durch technische Anleitungen, Richtlinien, Standards, Pflichtenhefte als Planungskriterien führt zu Interessenkonflikten (vgl. oben S. 95f.);
- die eigenen Handlungsmöglichkeiten werden meist unterschätzt;
- fehlt die persönliche Betroffenheit, erfolgt seltener eine Auseinandersetzung mit dem eigenen Tun;
- das öffentliche Klima und Konsumentenverhalten haben einen nicht unerheblichen Einfluß;
- persönliches Erfolgsstreben, Karrierebewußtsein und die Anerkennung in der Gesellschaft sind wichtig.

Einigkeit herrschte bei der gemeinsamen Forderung nach Veränderung zu einer ökonomischeren und ökologischeren Grundhaltung zum Ressourcenpotential und zur Umweltsituation als Bestandteil des Berufsethos der Ingenieure. Die Unzulänglichkeiten der bisherigen Steuerungsmechanismen können nicht länger verantwortet werden. Der Ruf nach Schaffung eines allgemeinen Wertesystems als einer Referenzebene gemeinsamer Wertmaßstäbe kann zur konkreten Übernahme von Verantwortung führen. Das bedeutet, daß nicht Wertvorstellungen an sich zu Konflikten Anlaß geben, sondern erst ihre Konkretisierung, wenn sie in einem Entscheidungsprozeß zur Geltung kommen, in dem durch vorausgesetzte Wirklichkeitsannahmen nur noch eine bestimmte Zahl an Handlungsmöglichkeiten besteht.

## Resümee

Am Ende dieses Berichts soll noch einmal auf die Darstellung zu Beginn Bezug genommen werden, um zu verdeutlichen, was sich von dem ursprünglichen Vorhaben verwirklichen ließ. Dabei soll der Diskurs in den wichtigsten Positionen so, wie er in dem Projekt Gestalt bekam, daraufhin geprüft werden, ob er sich als ethische Methode in Bereichen von Technikentwicklung und -anwendung eignet.

### *Zum Engagement der Teilnehmer*

In dem Projekt übten die Moderatoren eine zurückhaltende Rolle aus und versuchten, das Engagement der Teilnehmer zu fördern und ihnen im Rahmen des Vorgehens möglichst viel Raum zu lassen. Das war vor allem möglich, weil die Teilnehmer auch die erforderliche Bereitschaft mitbrachten, sich auf den Diskussionsprozeß einzulassen. Erstaunlich war, wie schnell die Teilnehmerinnen und Teilnehmer implizit auf moralische Argumentationen eingingen. Allerdings muß wohl einschränkend konstatiert werden, daß einerseits die Teilnehmer nicht den Durchschnitt aller Experten repräsentierten, – die Einladung wirkte unweigerlich als Auswahlprozeß, nur Interessierte sagten zu – und daß andererseits ihr Verhalten von der Thematik der Veranstaltung geprägt war – diese war unmittelbar an das Thema Ethik gebunden. Dennoch zeigt die relativ hohe Konstanz der Zusammensetzung, daß die Beteiligten in der Veranstaltung eine nutzbringende und sinnvolle Beschäftigung sahen. Hier zeigt sich eine Wirkung des Diskurskonzeptes: Der Diskurs ist demnach kein Angebot von Dritten, das konsumiert werden kann, also keine Dienstleistung im üblichen Sinne, sondern ein Freiraum, der von den Teilnehmern selbst gefüllt werden muß.

Somit kann die kontinuierliche Teilnahme und das Interesse der teilnehmenden Ingenieure und Naturwissenschaftler positiv für die inhaltliche Kontinuität des Diskurses und für die Gruppenzusammengehörigkeit hervorgehoben werden.

*Zur Sachbezogenheit des Diskursprozesses*

Der Diskurs war an das Thema Abfalltechnik gekoppelt. Durch die Weitläufigkeit der Themenstellung war es im Diskursverlauf möglich, sehr verschiedene Aspekte der Abfalltechnik zusammenzuführen. Das erhöhte die Freiheitsgrade der Diskussion und die Möglichkeit, assoziativ das komplexe Feld der Abfalltechnik in seinen vielen Facetten und Schattierungen abzutasten. Allerdings war dadurch der Diskussionsprozeß auch unverbindlicher. Die geringe Zahl der Diskursveranstaltungen, die möglich waren, konnte eine angemessene Verdichtung der Diskussion nur ansatzweise ermöglichen. Die Gefahr einer weiten Themenstellung ist, daß zuviele nicht eindeutige oder nur unzureichend definierte Begriffe benutzt werden können.

Der Teilnehmerkreis könnte durch Praktiker erweitert werden, die aufgrund ihrer Sachkompetenz den Argumentationsprozeß im Rahmen des wissenschaftlichen Diskurses bereichern. Ziel ist nicht nur eine Anhäufung von Expertenwissen, sondern die Entwicklung einer transdisziplinären Betrachtungsweise.

*Zur Wertbezogenheit des Diskursprozesses*

Die Diskussion verlief oft kontrovers, was jedoch nicht nur durch unterschiedliche Werthaltungen bedingt war, sondern auch durch unterschiedliche fachliche Zugänge. In dem Gesprächsverlauf zeigte sich an vielen Stellen, daß eine Auswahl der Beteiligten aus sehr unterschiedlichen Berufsfeldern den Diskurs maßgeblich bereicherte, da die verschiedenartigen Perspektiven in einigen Bereichen zu unterschiedlichen Beurteilungen und Einschätzungen führte. Dies war insbesondere beim Thema der gesetzlichen Grundlagen zwischen Behördenvertretern, die Sicherheit, und Ingenieuren aus Konstruktionsbüros, die mehr eigene Kompetenz und Flexibilität forderten, offensichtlich.

Jedoch kann man diese berufsbedingte Perspektivität nicht bei allgemeineren Wertbeiträgen wiederfinden. Aus den Erfahrungen dieses Diskurses läßt sich zumindest soviel festhalten, daß eine pauschale Vorstellung von „dem technokratischen Experten", der einerseits Werthaltungen gegenüber skeptisch ist und andererseits vor allem Werte vertritt, die sich aus dem Umgang mit Technik ableiten lassen, kaum Anhaltspunkte findet. Im Gegenteil, die erlebte Offenheit ethischen Themen gegenüber und das stellenweise sehr hohe und umfassende Problematisierungsniveau – zum Beispiel anhand von Forderungen nach Transparenz in politischen Fragen – läßt eine weitere Arbeit in der Form von Expertendiskursen als sehr aussichtsreich erscheinen. Unter den Experten fanden sich Vertreter sehr unterschiedlicher Werthaltungen, wenn auch die durchschnittliche Orientierung in der Gesellschaft möglicherweise eine etwas andere Ausrichtung ist, da z. B. dezidiert technikkritische Haltungen unter diesen Experten unterrepräsentiert waren.

*Zur Verbindung von Wert- und Sachäußerungen*

In dem Projekt wurde der Ansatz verfolgt, den Diskurs als Verknüpfung von Wert- und Sachäußerungen zu konzipieren. Von der Moderation wurde darauf geachtet, daß sowohl wert- als auch sachorientierte Beiträge kamen. Dies kulminierte in den Beiträgen, auf die sich in besonderer Weise die Auswertung der Diskurse stützte: solche, die mehr wert- oder mehr sachorientiert waren, in den meisten Fällen aber eine implizite oder explizite Mischung von beiden aufwiesen. Die Auswertungen, die durch die Rückkopplungen Teil des Diskursprozesses waren, haben die Wertorientierung in das Zentrum der Interpretation gestellt. Damit gewann der Diskurs als ethische Methode eine heuristische Funktion: mit seiner Hilfe wurden implizite Werthaltungen expliziert und in Zusammenhang mit anderen Wertäußerungen gestellt, wobei gleichzeitig der Bezug zu den Sachgehalten gewahrt blieb.

*Diskurs als Lernmethode*

Man kann feststellen, daß die gewählte Methode, der Diskurs, sich gut eignet, einen Lernprozeß unter Ingenieuren zu initiieren, bei dem diese selbstbestimmt ihre Fachkompetenz einbringen und durch persönliche moralische und wertorientierte Beiträge die Betrachtung des Themas ergänzen können. Durch den Diskursprozeß ergaben sich für die Teilnehmer nach eigenen Aussagen manche Klärungen gerade durch Einsicht in andere Perspektiven.

Der Sinn des gesamten Diskursverlaufes wurde den Teilnehmern erst im Verlauf desselben deutlich. Einzelgespräche vor Beginn des Verfahrens könnten hier ein Vorverständnis geben für das, was zu erwarten ist. Die theoretische Einführung in die Methode zu Beginn des ersten Diskurses konnte dies nicht allein leisten.

Für gut befunden wurde die Verbindung der Einzelveranstaltungen über die Auswertungen, die den Teilnehmern zwischen zwei Veranstaltungen zukamen. Die dadurch entstehende „Dachziegelstruktur“ habe eine Kontinuität des Prozesses ermöglicht.

*Zum Ort des Diskurses*

Die Ingenieurkammer als Ort des Diskurses erwies sich als sehr geeignet. Sie ist als Körperschaft öffentlichen Rechts dem Allgemeinwohl verpflichtet und hat gegenüber den im Diskurs strittigen Themen Neutralität zu wahren. Dadurch konnte der Veranstalter einen zunächst einmal unbelasteten Raum bieten. Der Zugang war allen Teilnehmern, die aus zum Teil sehr unterschiedlichen Kontexten kamen, in gleicher Weise möglich, der Diskursverlauf war noch offen.

*Zur Moderation des Diskurses*

Im ganzen hat sich die zurückhaltende Art der Moderation, in der den Teilnehmern möglichst viel Raum zur eigenen Entfaltung gegeben wurde, im explorativen Diskurs bewährt. Aber auch die umfangreicheren Auswertungen waren wichtig, da hierdurch deutlich wurde, daß die Zurückhaltung nicht fehlendes Interesse, sondern Methode war, was von den Teilnehmern explizit positiv bewertet wurde.

Eine umfassendere Einweisung der Teilnehmer in die Methode, ihrem Anspruch, aber auch ihren Grenzen (z. B. durch Einzelgespräche) wäre möglich. Zudem könnten flexiblere Elemente hinzugefügt werden, wie etwa Kleingruppen, die Resolutionen o.ä. ausarbeiten. Schließlich ist eine zeitweilige Ausweitung der Gruppe mit Technikkritikern und Personen anderer Profession denkbar, da unter den Experten zu einer solchen Auseinandersetzung eine große Bereitschaft bestand. Allerdings müßten solche Ausweitungen die Ausnahme bleiben, da sonst die Gefahr bestände, daß der Diskurs zu einer unverbindlichen Diskussionsveranstaltung aufweichen könnte. Dies würde jedoch größere zeitliche und finanzielle Ressourcen erfordern, als zur Verfügung standen.

Frank Vogelsang/Kornelia Werthebach

## Folgerungen aus dem Projekt „Ethische Orientierung und Verantwortung in der Technikbildung"

In diesem kurzen Abschnitt soll ein Resümee bezüglich der Erfahrungen und Erkenntnisse gezogen werden, die in dem Diskurs „Ethische Orientierung und Verantwortung in der Technikbildung" auf der Folie der theoretischen Annahmen gewonnen werden konnten.

Die theoretische Beschreibung der Methode des Ingenieurdiskurses, wie sie in dem entsprechenden Beitrag dieses Bandes gegeben wurde, war die Grundlage für die praktische Gestaltung des Diskurses. In dem Projekt haben sich die theoretischen Annahmen bewährt und konnten bestätigt werden.

Zunächst ist festzuhalten, daß bei einem berufsspezifischen Diskurs, wie er in dem Projekt durchgeführt wurde, die Voraussetzungen der Habermasschen Theorie grundsätzlich nicht erfüllt sind. Die zentrale Regel U, nach der *alle* Betroffenen beteiligt sein müssen, ist in diesem ingenieurethischen Ansatz, der nur die beruflich Involvierten, nicht aber die Laien berücksichtigt, a limine nicht erfüllt.[1]

Aber auch eine Reihe weiterer Erfahrungen, die im Diskurs gesammelt werden konnten, ließen gegenüber dem Design der Diskursethik, wie sie Habermas vorgenommen hat, Fragen aufkommen.

Selbst mit der Restriktion eines deutlich beschränkten Teilnehmerkreises war es in den durchgeführten Diskursen außerordentlich schwierig, bezüglich bestimmter Handlungsoptionen einen Konsens unter den Beteiligten herzustellen. Ein Konsens war zwar relativ einfach bei sehr allgemeinen Werten und Normen möglich, sobald jedoch die Problembeschreibungen inhaltsreicher und detaillierter wurden, unterschieden sich die Meinungen auch deutlicher.

Auffällig war die Einigkeit bei der Bestimmung allgemeiner Werte. Es zeigte sich besonders in der ersten Diskursveranstaltung, daß eine Diskussion allgemeiner Werte bestehende Konfliktlinien zwischen den Einstellungen und Ansichten der Diskursteilnehmer nicht herausarbeiten konnte. In einem ersten Ansatz innerhalb dieser Diskursveranstaltung, wo die Beteiligten zentrale Werte benennen sollten, die für ihre berufliche Arbeit wichtig sind, standen die allgemeinen

1 Es sei hier noch einmal deutlich gesagt: Der ingenieurethische Ansatz erhebt nicht den Anspruch, die ethischen Probleme der Technik umfassend lösen zu können. Die Komplexität der gesellschaftlichen Verhältnisse und der in sie eingebetteten Technik erfordern parallele, sich ergänzende Bemühungen. Der ingenieurethische Ansatz muß folglich von weiteren Bemühungen begleitet werden, etwa von Planungszellen von Laien, politischen Diskursen usw. Jede der Methoden hat ihre Stärken und Schwächen und ist ihrerseits ergänzungsbedürftig.

Wertvorstellungen additiv nebeneinander und konnten in ihren Auswirkungen für die Berufsswirklichkeit nicht transparent gemacht werden. Beiträge wie „Verantwortung", „Sicherheit" und „Kreativität" wurden von allen als wichtig eingestuft, die Äußerungen wurden nicht kritisch gegeneinander abgewogen, widersprüchliche Implikationen der Werte für Handlungsoptionen kamen nicht zum Vorschein. Dabei ist an dieser Stelle festzuhalten, daß dort, wo ein Konsens sich abzeichnete, die *Begründung* der Werte und Normen auch für die Teilnehmer keine große Bedeutung hatte, da jeder diese Werte voraussetzte und anerkannte!

Obwohl die Diskurse entscheidungsentlastet waren – die Veranstaltungen hatten nicht das Ziel, zu einer praxisbezogenen Entscheidung zu kommen – war strategisches Verhalten der Teilnehmer deutlich ablesbar. Dies zeigte sich z. B. durch das Schweigen von solchen Teilnehmern zu für sie sensiblen Themen, die sich andererseits zu weiteren Themen wortreich beteiligen konnten.[2]

All diese Beobachtungen legen den Schluß nah, daß eine Diskursethik gemäß dem Entwurf von Habermas für eine praxisnahe und anwendungsorientierte Berufsethik nicht anwendbar ist.

Vielmehr ließ sich die These von Wellmer bestätigen, daß es in ethischen Diskursen vornehmlich um die Angemessenheit und Vollständigkeit von Situationsdeutungen geht. Es war zu beobachten, daß die ethischen Konfliktfälle, über die die Beteiligten sprachen, erst dann richtig deutlich wurden, als die konkreten Bedingungen benannt wurden, unter denen sie auftraten. Nicht die Problematisierung allgemeiner Werte, sondern die besonderer Konfliktsituationen erbrachten einen Erkenntnisfortschritt.

So wurden in der ersten Diskursveranstaltung die Auswirkungen der gegebenen gesetzlichen Regelungen (besonders die Technische Anleitung Siedlungsabfall) besprochen. Hier war die Diskussion erfahrungsbezogen und kontrovers, die Beiträge ließen sich in einer deutlich dichotomen Struktur anordnen: auf der einen Seite standen Forderungen nach Selbstbestimmung der Ingenieure („Innovationen nicht blockieren", „Widerspruch freier Experten"), auf der anderen die Forderungen nach Sicherheit und festen Grenzwertvorgaben („Definierte Rahmendaten", „Gesicherte Bemessungsgrundlagen"). *Nun*, in konkretisierten Konfliktfällen, wurde deutlich, wer aus welchen Gründen welche Werte präferierte: Ingenieure, die bei Aufsichtsbehörden arbeiteten, hoben die Entlastung der sehr großen Verantwortung durch Regelungen hervor, Ingenieure aus Planungsbüros dagegen forderten mehr Freiraum für die Gestaltung.

[2] Die Moderation der Diskurse setzte das offene Engagement der Teilnehmer voraus. Deshalb wurde auf eine Analyse bezüglich strategischer Rede verzichtet, die wohl noch einige andere Indizien deutlich gemacht hätte.

Damit wurden aber auch die Entscheidungssituationen, die den Berufsalltag prägen, deutlicher. Sie können, wie das Projekt belegte, in dem Ingenieurdiskurs gut thematisiert und transparent gemacht werden. Gegensätzliche Standpunkte wurden den Beteiligten verständlicher, gemeinsam wurde nach möglichen Auswegen gesucht.

Die Diskurse waren aus demselben Grunde stets auf Anwendung und nicht so sehr auf die Begründung allgemeiner Werte ausgerichtet. Ein Konsens über die grundlegenden Werte war schnell gefunden und deshalb erschien auch den Teilnehmern die Begründung der Werte von nachgeordneter Bedeutung. Vielmehr stellte sich die Frage, wie diese Werte in die berufliche Realität übersetzt werden können und wo sich dabei Schwierigkeiten und Konflikte ergeben. Bei der Anwendung zeigte sich schnell die Abhängigkeit der Bewertungen von der Berufssituation der Beteiligten. Sehr deutlich – und nachdrücklich beklagt – wurde, daß keiner der Experten das Ganze der Abfalltechnik im Blick haben kann. Zum Beispiel kennt ein Forscher die detaillierten ökonomischen Bedingungen und die zahlreichen handelnden Akteure weniger gut als ein in der Planungspraxis stehender Ingenieur, letzterer dagegen hat keinen umfassenden Einblick in die neuesten Forschungsergebnisse. Die Sorgen und Interessen der Ingenieure richteten sich nun aber natürlich nach der Perspektive, aus der sie die Technik betrachten. Schon hierdurch sind, wie am Problem der gesetzlichen Regelungen angedeutet, Konfliktlinien angelegt.

In ähnlicher Weise hatten auch die Persönlichkeiten der Beteiligten auf die Urteilsbildungen Einfluß. Der eine zog sich auf den angeblich objektiven Standpunkt des Ingenieurwesens zurück, der andere war persönlich erschüttert über die vielen halbkriminellen Machenschaften auf dem Abfallmarkt. Detaillierte Analysen über Persönlichkeitsprofile haben wir allerdings in dem Diskurs nicht durchgeführt, da dies das Selbstverständnis der Moderation nicht zuließ, die eher eine gleichgeordnete Gesprächshilfe darstellen sollte und nicht eine Supervision der Beteiligten.

Die Verknüpfung allgemeiner Werte und Normen mit situationsspezifischen Bedingungen ist traditionell die Aufgabe der Urteilskraft. Eine analog zu beschreibende Aufgabe übernahm der Diskurs, wenn die Gespräche der Leitfrage nachgingen, wie die allgemeinen Werte umgesetzt werden konnten. Die Auswertung der Diskurse über die Visualisierung der netzförmigen Verbindungsstrukturen versuchte ebenso dieser Aufgabe gerecht zu werden, denn die erarbeiteten Strukturen verdeutlichten auch die Über- bzw. Unterodnungsverhältnisse der Wertäußerungen.[3] In der Netzmitte befinden sich die Werte, die mit die meisten Verbindungs-

[3] An dieser Stelle muß auf eine ähnliche Methode graphischer Auswertung, die Wertbaumanalyse hingewiesen werden. In kurzer Definition gilt für sie: „Ein Wertbaum umfaßt eine geordnete

linien zu anderen aufweisen. Sie haben den höchsten Allgemeinheitsgrad. Zur Peripherie hin werden die Beiträge sachhaltiger und konkreter. Ihre Verbindungen zu anderen Äußerungen sind gegenüber den zentralen weniger stark ausgebildet. Den Verbindungslinien vom Zentrum zur Peripherie zu folgen, zeigt damit die Leistung der Urteilskraft des Diskurses. Ein allgemeiner Wert, der im Zentrum lokalisiert ist, wird sukzessive, durch immer mehr Sachinformationen angereichert, konkreter und anwendungsbezogener (top-down). Die Struktur läßt sich natürlich auch in der Gegenrichtung lesen: eine konkrete und praxisbezogene Wertäußerung kann durch den Bezug auf übergeordnete Wertvorstellungen gerechtfertigt und begründet werden (bottom-up). In dem Diskursverlauf selbst, dem lebendigen Austausch der Argumente, wurden tatsächlich auch beide Richtungen wechselseitig genutzt.

Die Netzstruktur weist auch noch auf einen anderen Sachverhalt: die Wertäußerungen spiegeln mit ihren Beziehungen untereinander die Komplexität, die durch die Sachlage und ihre Randbedingungen gegeben ist. Die systemische Organisation technischer Artefakte, ihre gesellschaftliche Verflochtenheit wirken sich in den Versuchen aus, allgemeinere Wertvorstellungen auf konkrete Handlungssituationen zu beziehen. Im Zentrum des Netzes ist der Strukturierungsgrad noch recht gering, zentrale Werte stehen in einer undefinierten Beziehung zueinander, weder gibt es deutliche Ausschließungs- noch deutliche Ergänzungsverhältnisse, d. h. zentrale Werte sind nicht über logische Verknüpfungen miteinander verbunden. Freiheit und Umweltschutz sind Begriffe, die prima facie miteinander harmonieren, da sie unspezifisch nebeneinander stehen. Erst zusätzlich eingeführte Randbedingungen lassen die in der allgemeinen Form noch verdeckten Konflikte offensichtlich werden.

Wie wichtig die Berücksichtigung der Randbedingungen ist, zeigte sich besonders im Fall der Ökonomie. Ihre Gesetzmäßigkeiten sind unbedingt zu beachten, damit der Versuch, die Werte umzusetzen, nicht im Ansatz scheitert oder gar kon-

Struktur von Werten eines Individuums oder einer Gruppe, bezogen auf eine Entscheidungssituation." (O. Renn et al., Sozialverträgliche Energiepolitik. Ein Gutachten für die Bundesregierung, München 1985, 69.) Der Wertbaum entfaltet sich von allgemeinen Werten zu immer konkreteren und zahlreicheren Kriterien. Da er entscheidungsbezogen konstruiert wird, besteht sein Ziel in Indikatoren, die die Gewichtung von Handlungsoptionen ermöglichen (vgl. R.L. Keeney, Die Wertbaumanalyse: Entscheidungshilfe für die Politik, München 1984, 18ff.) Der Diskurs des hier vorgestellten Projektes war nun aber entscheidungsentlastet. Deshalb bestand nicht die Notwendigkeit, sich im Untersuchungsinteresse derart einzuschränken, daß die entscheidungsrelevanten Indikatoren im Mittelpunkt standen. Vielmehr wurde auch auf Beziehungen der Werte quer zu hierarchischen Strukturen geachtet. Dadurch ergaben sich die umfassenderen netzförmigen Strukturen. Grundsätzlich lassen sich aus Netzsstrukturen Wertbäume dadurch ableiten, daß nur ein einzelnes Segment des Netzes vom Mittelpunkt bis zur Peripherie betrachtet wird.

traproduktive Folgen hat. Dies zeigte ein simples Beispiel mit genügender Deutlichkeit: ein wichtiges Ziel aller Steuerbemühungen im Bereich des Abfalls ist seine Verminderung und – in the long run – seine Vermeidung. Nun ließe sich eine einfache Steuerung denken, die dadurch die Entsorgungspreise drastisch erhöht, daß teure und komplexe Entsorgungstechniken anderen vorgezogen werden. Hierdurch würden die Preise steigen, die Produzenten und Verbraucher wären zur Vermeidung angehalten. Aber ein solcher Eingriff wäre nicht nur unsozial, die Abfallwege würden auch unkontrollierbar. Deutlich höhere Preise würden den „Wert" des Abfalls erhöhen und, dies zeigt die Erfahrung, Kriminalität, „wilde Müllhalden" und Korruption vermehren. Dies konterkarierte aber das ursprüngliche Ziel der Abfallvermeidung. Erst unter der Berücksichtigung von Konsumverhalten und Marktmechanismen sind die Folgen der Techniken abschätzbar.

Der Diskurs bot schon durch die Moderation, erst recht aber durch die graphische Auswertung in Form der Netzstrukturen ein erhebliches Potential zur Verbesserung der Transparenz in dem Problemfeld Abfall. Gemeinsamkeiten konnten ebenso wie auch Konflikte herausgearbeitet werden, übergeordnete Strukturen wurden deutlich. Der Diskurs stellte sich durch die wechselnde Abfolge von Diskursveranstaltungen und Auswertungen als ein iterativer Prozeß dar, der eine sukzessive Klärung ausgewählter Problemschwerpunkte ermöglichte. Die schriftliche Fixierung der Auswertungen war besonders in späteren Diskursen von Vorteil, wenn auf die Strukturen vorhergehender Diskursergebnisse zurückgegriffen werden konnte. Diese Zwischenergebnisse hatten allerdings den Nachteil, aufgrund ihrer für Skizzen notwendigen Verkürzung in hohem Maße erläuterungsbedürftig zu sein und konnten eigentlich nur von den Teilnehmern selbst hinreichend verstanden werden. Dies zeigt, daß der Diskurs in der durchgeführten Form zunächst auf Rationalisierungseffekte als Binnenwirkung ausgerichtet war, nicht so sehr darauf, Proklamationen für eine größere Öffentlichkeit bereitzustellen.

Schließlich ist noch auf das Beteiligungsverhalten der Teilnehmer und das Verhältnis zur Moderation hinzuweisen. Zu Beginn waren die Teilnehmer durchaus skeptisch über die Art und Weise des Verfahrens. Die Skepsis ließ erst dann nach, als sich im zweiten und dritten Diskurs eine Vertrautheit mit dem Verfahren und zudem eine Gruppenidentität entwickelten. Alle Teilnehmer waren aber von Beginn an von der Notwendigkeit einer ethischen Bewertung überzeugt. Diese Überzeugung und die Bereitschaft zum Engagement sind notwendige Vorraussetzungen für einen Diskurs. Der Diskurs ist grundsätzlich nicht nur ein ethisches Verfahren, sondern in seiner Durchführung selbst schon ethisch qualifiziertes Handeln. In dem Diskurs des Projektes wurden von seiten der Moderation deshalb Informationen auf der Metaebene, die den Diskurs selbst thematisiert, so gering als möglich gehalten.

Im Fazit hat sich die gewählte diskursive Methode als ein berufsethisches Verfahren bewährt, das explorativ ein komplexes Themenfeld unter den Bedingungen von pluralen Wertvorstellungen erschließen kann. Mit diesem Verfahren können nicht nur bestehende Konflikte und Problemlagen transparenter gemacht werden. Auch ist es möglich, durch Erweiterung des Blickfeldes oder durch neue Kombination von Wert- und Sachurteilen innovative Prozesse freizusetzen, die im unmittelbaren Zusammenhang mit dem Umgang, der Herstellung oder der Verwendung von Technik stehen.

Eine naheliegende Anwendung solcher Diskurse wären z. B. ethische Qualitätszirkel in Industrieunternehmen, die die herkömmlichen Kommunikationsformen zwischen den Beteiligten in den Herstellungsprozessen von Technik durch wertbezogene Aussagen erweitern.

Aber nicht nur im unmittelbaren berufsethischen Kontext sind solche Diskurse denkbar. So könnten etwa politische Entscheidungsprozesse durch moderierte Diskurse dieser Art begleitet werden. Ebenso läßt sich vorstellen, Diskurse im Zusammenhang mit der beruflichen Ausbildung als didaktische Veranstaltungen einzusetzen, die die Folgewirkungen von Handeln in komplexen Systemen herausarbeiten könnten.

Diesen Anwendungsformen lassen sich sicherlich noch weitere hinzufügen. Angesichts der Komplexität der Technik und der Wertpluralität in der Gesellschaft aber können Diskurse der hier untersuchten Art in besonderer Weise einen wichtigen Beitrag für eine praxis- und anwendungsnahe Berufsethik der Ingenieure leisten.

# III.
# Dialoge, Leitbilder und Ethikkodizes

Erhard Ratz

# Die Chancen des Dialogs
# Erfahrungen aus der Praxis

## 1. Das Umfeld – die Voraussetzungen für (diese) Gespräche

Im Jahre 1986 faßte die Synode der Evangelisch-Lutherischen Kirche in Bayern den Beschluß, die Stelle eines Beauftragten für Technik und Naturwissenschaften einzurichten. Die Synode reagierte damit auf eine Entwicklung, die besonders für den Münchener Raum charakteristisch war: in wenigen Jahren verlegten immer mehr Firmen ihren Hauptsitz oder Niederlassungen in den südbayerischen Raum. Verbunden damit war eine deutliche Zunahme von Frauen und Männern in entsprechenden Berufen. Nicht wenige gehörten der Evangelischen Kirche an. Die Kontakte zu ihnen liefen über die örtliche Kirchengemeinde – wenn denn überhaupt. Sie konzentrierten sich in erster Linie auf Kasualien und persönliche Seelsorge. Unvermeidlich war, daß die strukturellen Fragen, die sich mit der Neuansiedlung von Fabriken, modernen Fertigungsprozessen, Forschungsinstituten usw. nicht angesprochen wurden. Viele empfanden und äußerten, sie hätten das Gefühl, die Kirche interessiere sich nicht für die dramatischen Entwicklungen in ihrem Berufsfeld. Kirche werde immer nur dann spürbar, wenn die Kirchensteuer fällig sei, bzw. wenn kirchliche Gremien verlauten lassen, was in bestimmten Bereichen nicht geschehen solle. Das Image von Kirche und Theologen war weitgehend negativ besetzt, da eine technikfeindliche oder technikabstinente Haltung für viele Pfarrer charakteristisch sei.

In diese Situation hinein wurde die genannte Stelle eingerichtet und durch mich besetzt. Nach anfänglichen Überlegungen sah mein Programm so aus:

- Kontaktaufnahme mit möglichst vielen Persönlichkeiten aus den Bereichen Technik und Naturwissenschaft;
- erfahren und verstehen lernen, wie die wichtigsten Entwicklungen in diesen Bereichen aussehen und welche gesellschaftlichen Folgen sie haben könnten;
- Informationen aufnehmen und weitergeben, und zwar nach beiden Richtungen: von der Welt der Technik und Wissenschaft hin zur Kirche und umgekehrt;
- anthropologische Fragen, d.h. die Frage nach dem Bild des Menschen und der Auswirkung technischer Entwicklungen auf den Menschen diskutieren. Die Leitfrage, die sich daraus ergibt: wie sieht verantwortliches Handeln heute aus, sowohl hinsichtlich des Individuums, wie auch der Gesellschaft;
- nach Möglichkeit einen „dialogischen Prozeß der ethischen Willensbildung" in Gang setzen, mit der Hoffnung den „vielleicht besseren Weg" zu finden.

Letztere Formulierung gibt die Überzeugung wieder, daß keine Gruppe oder Einzelpersönlichkeit in der Lage ist, den „Königsweg" zu zeigen. Das gegenseitige Eingeständnis von Zweifeln und Suchen und die Offenheit für den Dialog könnten einen „besseren" Weg, nie den vollkommenen, finden lassen.

Dieser Ansatz konnte nur gelingen, wenn

- ein gewisses Maß an gutem Willen auf beiden Seiten vorhanden war, offene Information zu geben und den Dialog zu riskieren;
- Kompetenzen eingebracht, wahrgenommen und respektiert wurden;
- es gelang Gesprächsforen für heterogene Partner herzustellen, die sich normalerweise nicht begegneten;
- die Art und Weise des Dialoges dazu angetan war, Vertrauen entstehen zu lassen.

Auffällig bei allen Gesprächen war, wie wichtig die Gesprächsatmosphäre war. War sie entspannt und offen, gelang es, Kompetenzen einzubringen und das Gesprächsergebnis positiv zu beeinflussen. Eine durch Mißtrauen oder Angst bestimmte Atmosphäre verhinderte jeden Lerneffekt. Deutlich waren dann die Signale der Regression und der Verweigerung.

Darüber hinaus entscheidet die Art und Weise der Moderation über Erfolg oder Mißerfolg der Gespräche.

## 2. Die Partner – die Themen

Die Idee der „interdisziplinären Gesprächskreise auf Zeit" entstand aus vielen Anregungen, die ich bei Besuchen in Firmen und Instituten erhielt. Häufig äußerten meine Gesprächspartner die Überzeugung, daß die wirklich bedrängenden Fragen unserer Zeit nicht mehr durch eine Disziplin allein beantwortet werden könnten. Dieses leuchtet angesichts der Vernetzung von Technik, Wissenschaft, Lebensumständen und Zivilisation ein. Mehr denn je beeinflussen Technologien, z. B. die Informations- und Medientechniken, nahezu alle Bereiche unseres privaten und öffentlichen Lebens. Viele Entscheidungsträger sehen sich einem großen Leistungsdruck ausgesetzt, der ihnen wenig Spielraum für Diskussionen außerhalb des beruflichen Umfeldes läßt. Dennoch sehen sich Führungskräfte mit der Erwartung konfrontiert, ihre Sache auch öffentlich plausibel vertreten zu können. Dazu muß er oder sie die Fähigkeit besitzen, sich allgemein verständlich auszudrücken.

Für die Auswahl der Themen waren folgende Kriterien maßgebend:

- das Thema sollte von allgemeinem, öffentlichem Interesse sein, also kein Spezial- oder Fachthema im engeren Sinne;
- dennoch sollten Fachleute aus ihrer je eigenen Kompetenz entsprechende Beiträge liefern;

– die ethischen Fragestellungen des Themas sollten gleichgewichtig neben den allgemein-öffentlichen und fachspezifischen Problemen eingebracht werden.

Bei der Themenfindung und der Diskussion wurde die Komplexität der Probleme deutlich, die uns heute bedrängen: alles hat offensichtlich mit allem zu tun. Es war deshalb wichtig, die umfassenden Themen so aufzugliedern, daß Partner aus unterschiedlichen Disziplinen miteinander reden konnten, ohne den Gesamtzusammenhang aus dem Auge zu verlieren.

Um Gespräche dieser Art zu organisieren und die Teilnahme attraktiv zu machen, bedurfte es der Kooperation mit führenden Vertretern wichtiger Einrichtungen. Dieses waren meistens die wissenschaftlichen Leiter von Großforschungseinrichtungen oder Vorstandsmitglieder unterschiedlicher Firmen. Mit folgenden Partnern fanden Gespräche statt zu folgenden Themen:

1. *„Das Ganze ist mehr als die Summe der Teile" – Zur Frage und Problematik der Optimierung von Teilsystemen im Gesamtsystem.*[1]

Ausgangspunkt für diese Reihe war die Beobachtung, daß viele Teilsysteme unserer Zivilisation sehr erfolgreich sind – zu Kosten des Gesamtsystems. Was ist nötig, um ein koordiniertes Miteinander zu gewährleisten unter Berücksichtigung der ökologischen und sozialen Gegebenheiten? Mitverantwortlich war in diesem Falle ein Vorstandsmitglied der Deutschen Forschungsanstalt für Luft und Raumfahrt (DLR) Oberpfaffenhofen.

Wie auch bei den folgenden Runden partizipierten Vertreter unterschiedlicher Berufe: Ärzte, Politiker, Theologen, Ingenieure, Industriemanager, Mitarbeiter aus Ministerien und Betrieben, Hochschullehrer u. a.

2. *„Die soziale Akzeptanz von Technik"*[2]

Eingeladen wurde gemeinsam mit dem Vorstand der MAN-Technologie AG. Gegenstand der Gespräche war die Beobachtung, daß trotz technischer Machbarkeit manche Industrie- und Technologiezweige Probleme mit der Akzeptanz in der Bevölkerung haben. Welche Gründe liegen vor, wie kann man darauf reagieren. Einen besonderen Akzent erhielt diese Gesprächsrunde durch die Tatsache, daß Vertreter einer Firma, die Verteidigungswaffen produzierten, beteiligt waren, ebenso wie Vertreter der Kernkraft und der Automobilindustrie. Letztere kann sich zwar einer hohen Akzeptanz rühmen, wenn man die Verkaufsziffern ansieht.

[1] Das Ganze ist mehr als die Summe der Teile, hg. v. Prof. Dr. Heinz Häberle und Erhard Ratz, Mitteilungen der „Deutschen Forschungsanstalt für Luft- und Raumfahrt" 1990–1908.

[2] Die soziale Akzeptanz von Technik, hg. v. Dr. Wolfgang Brunn und Erhard Ratz, Projektbericht MAN Technologie AG 91/05.

Gleichzeitig erheben viele ernstzunehmende Vertreter der Umweltverbände gewichtige Einwände gegen eine weitere Motorisierung unter den bisherigen Prämissen.

*3. „Intakte Natur"?*[3]

Partner bei dieser Gesprächsrunde war der Vorstand des GSF-Forschungszentrums für Umwelt und Gesundheit in Neuherberg. In dieser Großforschungseinrichtung des Bundes werden Fragen eines angemessenen Umgangs mit der Natur wissenschaftlich untersucht. Unter anderen spielt dabei die Frage eine wichtige Rolle, wie sich Schadstoffe auswirken, die durch unsere Art des Wirtschaftens in die Natur entlassen werden, diese verändern oder schädigen. Welche längerfristigen Folgen haben sie? Damit stellt sich die Frage nach unserem Naturverständnis. Es gibt zwar kein zurück zur Natur – weil jede Kulturleistung des Menschen mit Eingriffen in die Natur verbunden ist. Wohl aber gilt es, über die Eingriffstiefe der Veränderungen nachzudenken, die wir in den Ökosystemen der Natur verursachen. Wir brauchen neue und mehr Erkenntnisse, wie die Ökosysteme vernetzt sind, die uns letztlich das Leben ermöglichen.

*4. Die Zukunft des Verkehrs – Beiträge zu verantwortlicher Verkehrsgestaltung*[4]

Dieses Thema, angeboten in Kooperation mit dem Vorstand der BMW AG, zeigte besonders deutlich, wie zentrale Fragen, wie z. B. das Phänomen der Mobilität des Menschen, nur in einem intensiven, interdisziplinären Dialog anzugehen sind. Gerade bei diesem Thema war die Mitwirkung der politischen Parteien, z. B. auch der Grünen, hilfreich. Die Diskussion zeigte, daß die heutige Verkehrssituation die Folge von Entscheidungen ist, die lange zurückliegen. Die langfristige strategische Planung sollte nicht den Konzernen überlassen bleiben. Sie bedarf eines komplexen, viele Partner einschließenden Diskussionsforums, wie es andeutend bei uns der Fall war.

*5. Risiko – Gefahr oder Chance*[5]

Nicht von ungefähr kam die Anregung zu diesem Gesprächskreis von der Chemie. Zusammen mit dem Vorstand der Wacker Chemie boten wir eine Gesprächs-

[3] Intakte Natur? Interdisziplinärer Gesprächskreis 1991, GSF-Forschungszentrum für Umwelt und Gesundheit München Neuherberg, hg. v. Prof. J. Klein und Erhard Ratz.

[4] Die Zukunft des Verkehrs. Beiträge zu verantwortlicher Verkehrsgestaltung, hg. v. Dr. Helmut Schäfer BMW AG München und Erhard Ratz, München 1993.

[5] Risiko – Gefahr oder Chance? Interdiszplinärer Gesprächskreis 1993, hg. v. Dr. Johannes Kohl, Wacker Chemie GmbH und Erhard Ratz.

reihe an, die sich mit Fragen des Risikos aus unterschiedlichen Perspektiven befaßte. Ausgangspunkt war die Beobachtung, daß gerade in der Bundesrepublik die Angst vor neuen Technologien, die mit Risiken verbunden sind, besonders hoch ist. Hier deuten sich Fragen an, die psychologisch anzugehen sind. Mindestens ebenso deutlich müssen aber die beteiligten Wissenschaftler nach bestem Wissen die Risiken benennen, die ihre Produkte für die Öffentlichkeit bedeuten. Die politisch interessierte Öffentlichkeit muß dann in einem intensiven Diskussionsprozeß prüfen, ob sie bereit ist, diese auf sich zu nehmen. Die Politiker schließlich sind dann aufgerufen, für entsprechende gesetzliche Regelungen Sorge zu tragen.

An diesen Gesprächen, die sich über fünf Jahre erstreckten, nahmen etwa 120 Damen und Herren teil. Der jeweilige Gesprächsgang umfaßte etwa sechs bis acht Treffen von etwa dreistündiger Dauer. Ein zu Anfang oder während des Abends gereichter Imbiß trug sehr zur Verbesserung der Kommunikation bei.

## 3. Befindlichkeiten der Gesprächspartner

Da zu diesen Gesprächen nicht offen, sondern persönlich eingeladen wurde, war die Kontinuität einigermaßen gegeben. Die Partner lernten sich mit der Zeit besser kennen. Gleichwohl ließen sich Befindlichkeiten beobachten, die ich, ohne Anspruch auf wissenschaftliche Begründung, so skizzieren möchte:

### *1. Naturwissenschaftler/Techniker*

Der gesellschaftliche Diskurs ist für viele von ihnen schwierig. Fachliche Kompetenz und Zuverlässigkeit haben einen hohen Stellenwert. Die Identifikation mit den jeweiligen Unternehmen ist hoch.

Gesellschaftliche Kritik, von welcher Seite auch immer, wurde und wird als irritierend, ja als ungerecht empfunden. Nicht wenige sehen sich an den Pranger gestellt, besonders in Technologien wie Kernkraft oder Gentechnik. Viele vermissen die Solidarität gerade aus dem politischen Raum. Das Verhältnis zu ihren Kirchen ist sehr gespalten. Eine immer wieder zu beobachtende technikkritische Haltung, die sich bisweilen in Predigten niederschlägt, stößt auf Unverständnis. Kirche solle sich der Parteinahme in Fragen enthalten, die Sachverstand in technischen Fragen voraussetzen.

Zu beobachten war zudem eine hohe Leistungsmotivation, die gelegentlich in einen deutlich erkennbaren Leistungsdruck umschlug. Auffällig der Unterschied zwischen den Generationen der über fünfzigjährigen und der ca. dreißigjährigen Gesprächspartner. Die Offenheit für die politische Kontroverse war bei den Jüngeren größer. Die Älteren verwiesen auf die beruflichen Kompetenzen und die

Notwendigkeit für die Gesellschaft, zuverlässig funktionierende technische Systeme bereit zu stellen.

Die heute an vielen Stellen erkennbare Konkurrenzsituation läßt, so meinten manche Gesprächspartner, das Interesse an politischen und ethischen Fragen bei jüngeren Führungskräften zurücktreten.

Dennoch betonten fast alle, mit denen ich im Gespräch war, die Notwendigkeit der ethischen Diskussion, wenn auch die Vorstellung, was Ethik sei, diffus war.

Was die Gesprächsbereitschaft angeht, war es leichter, Naturwissenschaftler und Techniker zu gewinnen als Theologen.

## 2. *Die Theologen/die Pfarrer*

In meiner Funktion als Beauftragter meiner Landeskirche lag mir natürlich daran, möglichst viele engagierte Theologen in die Gespräche einzubeziehen. Dies ist – mit Einschränkungen – gelungen. Während theologische Akademiker sich auch für ihre Disziplin aus dem Gespräch etwas versprachen, war es schwierig, Gemeindepfarrer zu interessieren und zu einer kontinuierlichen Teilnahme zu bewegen. In Einzelfällen ist dies dennoch gelungen. Nimmt man die Eindrücke hinzu, die ich bei Vorträgen in vielen Pfarrkonferenzen gewonnen habe, so ließe sich die Befindlichkeit etwa so beschreiben:

Technik, Naturwissenschaften und Wirtschaft sehen zwar viele als notwendig an, es gibt aber tiefgreifende Vorbehalte, die immer wieder auftauchen:

- den Naturwissenschaftlern, besonders wenn sie in der Industrie tätig sind, haftet das Odium einer gewissen Käuflichkeit an. „Im Zweifelsfall tun sie für Geld alles, was sie können", so eine verbreitete Meinung. Mißtrauen sei also geboten, besonders dann, wenn sich die Wissenschaftler in den Dienst eines gnadenlosen Kommerz begäben;
- die Technik gefährde die Natur, besonders dann, wenn sie aus wirtschaftlichen Interessen zu rasch und naiv eingesetzt werde;
- die Wirtschaft begünstige die Naturausbeutung und trage im internationalen Rahmen zu einer Verschlechterung der Lebensbedingungen in der Dritten Welt bei.

Diese Vorbehalte sitzen tief. Sie tauchen immer wieder auf. Eine Ursache mag sein, daß wenige der Theologen aus Familien mit naturwissenschaftlichem Hintergrund stammen. In ihrer Grundeinstellung sind sie mit Lehrern vergleichbar.

Die Präsentation von wissenschaftlichen Einrichtungen, Industriebetrieben etc. wirkt oft einschüchternd. Man fühlt sich im Dialog unterlegen und schweigt lieber – ohne seine Vorurteile zu korrigieren. Erfolgreicher waren Begegnungen, bei denen junge Wissenschaftler oder Industrievertreter im überschaubaren Rahmen mit Pfarrern und Theologen diskutierten. Eine entsprechende äußere Gestaltung der Gesprächssituation löste Verkrampfungen. Veränderung wurde möglich.

Zu der „Befindlichkeit" gehörte auch die innere Verpflichtung der Theologen, ihre Argumentation müsse Bezüge zu biblischen Texten aufweisen. Dies sei am besten durch das Zitat von Bibelstellen zu bewerkstelligen. Wie schwierig das ist, ist leicht einzusehen, angesichts des zeitlichen Auseinanderklaffens der Entstehungszeit von biblischen Texten und der uns umgebenden technischen Zivilisation. Dennoch wird kein Theologe, der der biblischen Botschaft Offenbarungsqualität beimißt, umhinkommen, diese auch bei Fragen zu berücksichtigen, die sich nicht unmittelbar aus biblischen Texten ergeben. Hier geht es um gewissenhafte Deutung der Situation, um eine plausible Deduktion aus der biblischen Tradition. In den seltensten Fällen sind Aussagen möglich, die den Charakter von Glaubensdekreten in einem sehr grundsätzlichen Sinne haben. Wichtig ist vielmehr, theologische Grundpositionen, wie z. B. Elemente der biblischen Anthropologie, ins Gespräch zu bringen, die sich dann im interdisziplinären Diskurs bewähren müssen.

### *3. Die Politiker*

In allen Dialogen nahmen Politiker teil. Sie gehörten zu den im bayerischen Landtag vertretenen Parteien. Die meisten hatten innerhalb ihrer Parteien entsprechende Funktionen mit einem Bezug zu den jeweiligen Themen. Zu der von mir wahrgenommenen Befindlichkeit gehörte, daß auch bei ihnen unterschiedliche Bedürfnisse den Dialog wünschenswert erscheinen ließen.

Viele fühlen sich angesichts hoher Erwartungen an persönlicher Kompetenz, Integrität und Engagement überfordert. Die Verfassung weist ihnen eine Allkompetenz für das Gemeinwohl zu. Wie aber dem gerecht werden in einer sich zunehmend verkomplizierenden gesellschaftlichen Situation? Ähnlich wie andere Diskussionspartner begrüßten auch sie die Möglichkeit des Gesprächs in einem „verdächtigungsfreien" Raum mit Menschen, denen ebenfalls ihre Besorgnis anzumerken war und der Wunsch, sich umfassender zu orientieren.

Auffällig war die immer wieder geäußerte Erwartung der Neugewinnung ethischer Maßstäbe. Wonach sollen wir uns richten – woran halten? Woran orientiert sich der Weg in die Zukunft? Viele – oft nicht erfüllbare – Erwartungen gingen in die Richtung der Kirchen.

Bei aller Loyalität gegenüber den jeweiligen Parteien spürten fast alle, daß das Spektrum einer Partei unmöglich alle anstehenden Fragestellungen befriedigend lösen kann. Auch hier ist parteiübergreifende Diskussion nötig. Die Gesprächsabende boten dazu eine gute Gelegenheit.

*4. Die „Überzeugten"*

Von Anfang an bestand die Absicht auch Vertreter mit sehr eindeutigen Positionen, wie z. B. den BUND und die Umweltbeauftragten der Kirchen in die Gespräche einzubeziehen. Dieses gelang nicht immer. In den meisten Fällen waren sie zugegen. Auffällig war:

- die ausgewiesene Zugehörigkeit zu einer eindeutig identifizierbaren Gruppe oder Organisation erschwert einen offenen Dialog;
- die Angst, Grundsatzpositionen aufzugeben, verhärtet die Argumentation;
- erst ein gewisses Maß an Vertrautheit läßt gelegentlich Zweifel an den eigenen Positionen durchschimmern.

Gruppierungen wie z. B. der „BUND" fühlen sich als Anwälte für bestimmte Werte, wie z. B. Natur, Umwelt etc. Daraus beziehen sie ihr Selbstbewußtsein und den Anspruch, gehört zu werden. Gerade in Zeiten, in denen viele Menschen unsicher geworden sind, können „Überzeugungsorganisationen" mit Interesse und Gefolgschaft rechnen. Um den entsprechenden Kurs durchzuhalten, ist selektive Wahrnehmung und Ausblendung unvermeidlich. Dennoch halte ich ihre Existenz für nötig. Sie bringen immer wieder Fragestellungen ins Bewußtsein, die im Interessenstreit verloren zu gehen drohen.

*5. Grundbefindlichkeiten, die alle verbinden*

Es gibt Befindlichkeiten, die allen, den Technikern/Naturwissenschaftlern, den Theologen, den Politikern usw., gemeinsam sind. Man könnte sie so umreißen:

- Wir alle sind Zeugen eines rasanten technischen Wandels.
- Wir erleben eine explosionsartige Zunahme naturwissenschaftlichen Wissens. Wir erleben eine Abnahme der Halbwertzeit des Wissens. Wissen veraltet rascher – die Menschen altern zwar auch, aber in einem anderen Rhythmus.
- Individuen und Institutionen werden durch den raschen Wandel überfordert. Gerade Institutionen, wie z. B. die Kirchen tragen in ihren Strukturen die Spuren längst vergangener Zeiten. Sie sind oft genug nicht in der Lage, angemessen auf die heutige Situation zu reagieren. Dieses Schicksal teilen die Kirchen mit Gewerkschaften, Universitäten u.a. Dieses Dilemma wurde und wird oft beschrieben.
- Alle spüren einen Bedarf an ethischer Orientierung im weitesten Sinne. Wie diese aber finden, wo offensichtlich die in den Teilsystemen inhärenten ethischen Wertparameter nicht mehr für alle gültig sind und dementsprechend nicht beachtet werden? Brauchen wir „neue Werteparadigmen in einer neuen Ethik?"[6]



[6] Das Ganze etc. (Anm. 1), 44.

– Der einzige für mich erkennbare Weg dazu ist der freie Dialog. Ihn gilt es einzuüben, zu praktizieren, mit dem Ziel, den gesellschaftlichen Konsens zu verbreitern.

## 4. Elemente des Dialogs

Es gibt Grundbedingungen, die in jedem Dialog ein Rolle spielen und zu seinem Erfolg oder zu seinem Scheitern beitragen.

### *1. Mißtrauen / Vertrauen*

Wenn Vertreter sehr unterschiedlicher Berufe zusammentreffen, bringen sie, wie oben geschildert, ihre Vor-Urteile im eigentlichen Sinne mit. Diese sind das Ergebnis von Erfahrungen, von tradierten Bildern, Ergebnis der Sozialisation. Sie sind umso wirksamer, je weniger sie sich an neuen Begegnungen zu messen haben. Dementsprechend haben die Erwartungen an Vertreter bestimmter Berufsgruppen ein fixiertes Profil. Der Dialog, der eine persönliche Begegnung in einer freien Atmosphäre ermöglicht, läßt uns unsere Vorurteile bewußt werden. Wir können sie dann benennen – auch dem Partner gegenüber, mit dem Risiko des Widerspruches. Die persönliche Begegnung erschwert u. U. das Festhalten an der vorgefaßten Meinung, weil das Bild nuancenreicher wird. Wir haben die Chance, unser Urteil zu revidieren, vielleicht ganz aufzugeben. Diese Entwicklung kann zu beglückenden Erfahrungen führen und unser Leben bereichern.

Vorurteile basieren oft auf Angst. Wo Dialoge gelingen sollen, müssen die äußeren Umstände helfen, Angst abzubauen. Dieses fängt bei sehr einfachen Dingen, wie z. B. der Sitzordnung an und weist dem Moderator eine große Chance und Verantwortung zu. Vertrauen kann wachsen. Vertrauen ist die Voraussetzung für positive Veränderungen.

### *2. Vertrauen ist an Verstehen gebunden*

Verstehen hat mit Sprache zu tun. In einer hochdifferenzierten Zivilisation wie der unseren erleben wir eine Aufsplitterung in Fachsprachen. Weil Fachsprachen sich stets durch eine bestimmte Form des Denkens und der Artikulation auszeichnen, sind sie für den Außenstehenden schwer verständlich. Dieses gilt auch dann, wenn nicht über Fachprobleme gesprochen wird. Ein Gesprächsteilnehmer hielt daher für den interdisziplinären Dialog die Erfindung oder Entwicklung einer „Metasprache“[7] für geboten, die allen zugänglich sein müsse.

[7] Ebd., 49f.

Für diese „Metasprache" ist sicher eine Allgemeinbildung Voraussetzung, wie sie durch unser Bildungssystem vermittelt wird. Gleichzeitig bedarf es aber des Willens und der Fähigkeit, Fachwissen allgemeinverständlich darzustellen. Daß dieses möglich ist, wurde im Verlauf der Dialoge deutlich. Über den begrenzten Rahmen der Gesprächsteilnehmer hinaus wird es aber nötig sein, gezielt eine „Didaktik der Vermittlung von Expertenwissen" zu entwickeln. Nur so wird es möglich sein, sinnvoll zu kommunizieren.

In unserer Situation erleben wir viele engagierte, interessierte, kompetente Menschen, die bei der Gestaltung des Gemeinwesens Mitverantwortung übernehmen wollen. Sie vertreten dabei unterschiedliche Interessen. Eine Vertreterin der Naturschutzverbände forderte, daß „das Jahrhundert der Umwelt, das Jahrhundert des (kommerziellen) Wirtschaftens ablösen müsse"[8]. Die Forderung enthält nachvollziehbare Anliegen. In ihrer apodiktischen Form ist sie mißverständlich. Die Aussprache darüber ergab, welche Interpretationen nötig waren, wie sie modifiziert werden konnte, um auch für Vertreter aus anderen Lagern Sinn zu machen.

## 5. Keine – gemeinsame – Zukunft ohne Dialog. Vermutungen über Wege

Nicht wenige fordern heute ein Mitbestimmungsrecht auch bei dem Weg, den Wissenschaft und Technik einschlagen. Dieser Wunsch wird in Zukunft eher zu- als abnehmen. Im Sinne einer Partizipation des mündigen Bürgers ist er zu begrüßen. Wie er freilich in politische Praxis umzusetzen ist, wird eine der großen Aufgaben der Zukunft sein. Ansätze dazu gibt es. Die *„Ethikkommissionen"* in Kliniken, Universitäten und anderen Einrichtungen sind ein Schritt in diese Richtung. Wie weit die Bevölkerung oder auch nur die betroffenen Gruppen dort hinreichend vertreten sind, ist eine immer wieder gestellte Frage.

*Anhörungen* bei der Einrichtung von Forschungs- und Fertigungsinstitutionen sind teilweise gesetzlich vorgeschrieben. Die dort gemachten Erfahrungen sind nicht immer ermutigend. Häufig melden sich dezidierte Gegner, seltener die Befürworter für das in Frage stehende Projekt zu Wort. Wie weit sie repräsentativ für die Mehrheit in einem Bereich sind, ist mehr als fragwürdig.

Oder wären *plebiszitäre Befragungsmodelle* zu einem festumrissenen Thema mit klarer regionaler Abgrenzung die Lösung? Das „St.Floriansprinzip" könnte natürlich auch hier zu Verzerrungen und Einseitigkeiten führen, die für das Gesamtwohl nicht zuträglich sind.



[8] Intakte Natur? (Anm. 3), 17.

Alle genannten Modelle weisen Vor- und Nachteile auf. Sie wurden oder werden in unterschiedlichen Formen praktiziert. Ihre Gesamttendenz halte ich für wünschenswert und unverzichtbar, denn hochentwickelte Zivilisationsformen, wie die unsrige, zeichnen sich durch einen hohen Grad von Störanfälligkeit aus. Sollen sie funktionstüchtig sein oder bleiben, ist dazu ein möglichst breiter Konsens in der Bevölkerung nötig.

Wie weit sich breitere Schichten für bestimmte Techniken (z. B. Kernenergie oder Gentechnik) interessieren, ist nicht leicht auszumachen. In der Regel nimmt die Anteilnahme deutlich zu, wenn über die Medien wirkliche oder vermeintliche Gefahrenpotentiale benannt werden. Dieses kann zu Demonstrationen und Protesthandlungen führen, wobei oft schwer zu unterscheiden ist zwischen ideologisch motivierten Gruppen, die als protestierende Aktivisten quer durch die Republik reisen und den besorgten Bürgern, die als mögliche Betroffene ihre Sorgen anmelden.

Auf diesem Hintergrund schlage ich vor:

1. Die unterschiedlichen Institutionen wie Parteien, Kirchen, Akademien, Betriebe, Verbände u. a. sollten deutlicher als bisher Problemfelder benennen, die nur gemeinsam bearbeitet werden können. Abträglich ist es, wenn eine gesellschaftliche Gruppierung Themen und Konfliktkonstellationen für sich reklamiert und sich für deren Lösung allein verantwortlich glaubt. Kirchen und Weltanschauungsgemeinschaften sind z. B. eben nicht exklusiv für Ethik zuständig. Viele haben mitzureden, aus je ihren Interessen und ihrer Kompetenz. Wo sie sich nicht selbst in der Lage sehen, den Dialog in die Wege zu leiten, sollten sie Moderatoren suchen, die helfen, Problemfelder aufzubereiten und diskussionsfähig zu machen.
2. Es gilt, das Modell der „interdisziplinären Gesprächskreise auf Zeit" weiter auszubauen. Wichtig für diese sind, wie bereits angedeutet:

– die Zusammensetzung mit Persönlichkeiten, die die konfligierenden Interessen und Gruppierungen repräsentieren;
– eine Moderation, die engagiert, aber nicht parteilich unterschiedliche Meinungen zu Wort kommen läßt;
– die Schaffung eines „verdächtigungsfreien Raumes", der es zuläßt, Irrtümer und Nichtwissen einzugestehen und damit neue Erfahrungen und Lernen wahrscheinlicher macht.

3. Unter dem Stichwort „Laien und Experten" sollte die jeweilige Rolle der sog. Laien neu durchdacht werden. Experten sind unverzichtbar in ihrem jeweiligen Sachgebiet. Zur Lösung umfassender gesellschaftlicher Probleme sind sie allein nicht geeignet. Sie brauchen Partner aus anderen Bereichen. Neben den unverzichtbaren Experten schlägt heute die Stunde der intelligenten und aufgeschlossenen Generalisten. Nicht alle Details können und müssen wir wissen. Die gesell-

schaftlichen Fragestellungen freilich müssen bei der Weiterentwicklung von Wissenschaft und Technik erkannt, benannt und berücksichtigt werden.

Der Dialog im Sinne des offenen Austausches ist Bedingung menschlicher Kommunikation. Diese soll beitragen, menschliches Leben zu erhalten. Nach T. Rendtorff[9] aber zielt die ethische Aufgabe darauf „zu erkennen, daß das Leben uns gegeben ist. Diese Aufgabe ist im eigenen Leben darin festgemacht, daß ein gegebenes Leben in seinem Vollzug das Leben anderer betrifft, ermöglicht oder hindert. Wir sind und gestalten für andere eine Welt des Lebens".[10]

[9] Trutz Rendtorff, Ethik – Grundelemente, Methodologie und Konkretionen einer ethischen Theologie, Band I, 2. Auflage, Stuttgart 1992, 76.

[10] Die Berichte über die interdisziplinären Gesprächskreise sind als Projektberichte bei den jeweiligen Gesprächspartnern erschienen und dort auf Wunsch abrufbar.

Gerhard Wegner

# Bilder, die nach der Seele greifen

## Zum Beitrag der Theologie für die Leitbildentwicklung der Technik

In ihrer Wochenendbeilage hat die FAZ am 13. April 1996 über einen Bildband berichtet, der unter dem Titel „Picturing the Bomb" kürzlich in New York erschienen ist. Er enthält bisher nicht veröffentlichtes Bildmaterial über das sogenannte Manhattan-Projekt, die Entwicklung der amerikanischen Atombombe in der ersten Hälfte der vierziger Jahre.[1]

In ihrer Besprechung des Bandes hebt die FAZ darauf ab, wie bereitwillig sich die Ingenieure der technischen Aspekte des Projektes annahmen. Je länger das Projekt dauerte, desto mehr machte sich die technische Neugier selbständig und schob alles andere in den Hintergrund. „Oppenheimer selbst hat das bestätigt, als er Jahre später auf die Frage nach seinen Motiven die denkwürdige Antwort gab, daß man eine Aufgabe, die technisch reizvoll erscheine, um ihrer selbst willen anpacke und sich Erörterungen darüber, was aus der Sache entstehen könne, erst dann gestatte, wenn man technisch Erfolg gehabt hätte."

Als am 16. Juli 1945 die erste Bombe explodierte, da wirkte dies wie eine Erlösung. Es hat funktioniert, war der Jubelschrei, der von Wissenschaftlern und Beobachtern kam. Die FAZ folgert: „Erst kam die Technik, dann kam die Moral." Zwar waren die Forscher nicht blind gegen die ungeheuren Folgen ihres Tuns, schoben die Bedenken aber zurück. „Im letzten wollten wohl auch die Wissenschaftler in ihrer Mehrheit das, was die Militärs in aller Offenheit verlangten, den battle test der neuen Waffe." Die Bombe wurde eingesetzt, so sagte Truman später, weil wir sie erfunden hatten. Das Mittel wurde zum Zweck, das Instrument erzwang seine Anwendung. Die veröffentlichten Bilder belegen diesen Zusammenhang, indem sie den betont bürgerlichen Lebensstil der Forscher herausheben. Der Kontrast zwischen dem technisch Außergewöhnlichen, was damals in der Wüste von Nevada geschah, und den naiv wirkenden Gesichtern der Männer und Frauen erzeugt ein deutliches Gefühl des Unbehagens.

Technik als Selbstzweck. Sie wird entwickelt, weil ihre Entwicklung als solche faszinierend ist. Aber es bleibt nicht bei der Entwicklung der theoretisch denkbaren technischen Produkte, sondern, einmal geschaffen, erzwingen sie ihre Anwendung. Wenn diese Logik generell für das technische Zeitalter gültig ist, bedeutet sie, daß in der Tat erst die Technik und dann die Moral kommt. In dieser Hinsicht wäre sie längst kein Instrument der Menschen mehr, um die Welt zu beherrschen, sondern die Dinge hätten sich in vielfacher Hinsicht umgekehrt.

[1] Konrad Adam, Erst kommt die Bombe. Neue Bilder vom Manhattan-Projekt, FAZ vom 13.4.1996.

Blickt man jedoch genauer auf die Umstände und die bewegenden Motive des Manhattan-Projektes, dann bestätigt sich diese Logik allerdings nicht ganz. Denn natürlich war die Entwicklung der Atombombe ein auch zutiefst moralisch begründetes Vorhaben. Wie immer wir die damaligen Diskussionen auch heute bewerten mögen: Natürlich ging es darum, den Geist aus der Flasche zu lassen und die Urkräfte der Materie zu entfalten, aber sie sollten für den Sieg der Gerechtigkeit eingesetzt werden und nicht in die Hände des Bösen geraten. Der motivationsmäßig und mit Leitbildern aufgeladene steuernde Kontext dieser technischen Entwicklung war zutiefst moralisch begründet und nur in diesem Kontext konnte sich dann auch die Faszination an der technischen Entwicklung als solcher als Selbstzweck vollziehen.

Vor dem Hintergrund dieses monströsen Kapitels der Technikgeschichte läßt sich folglich gut danach fragen, was eigentlich die Triebkräfte der Technikentwicklung sind. Haben moralische, ethische und gegebenenfalls auch religiöse Kategorien, Weltbilder und Werthaltungen Einfluß auf ihre Produktion oder pflanzt sie sich mehr oder minder nach eigenen Gesetzmäßigkeiten fort? Läßt sich die technische Entwicklung in irgendeiner Hinsicht „steuern"? Und wenn dies so ist, macht es Sinn, daß ausgerechnet die Theologie versucht, hierauf Einfluß zu nehmen?

## Die Schönheit des bloßen Funktionierens

Diskutiert man das Problem der Technik mit Ingenieuren, so wird es nur wenige geben, die nicht darauf insistieren, daß Technik nach wie vor ein Instrument sei und daß es in Sachen Anwendung auf die Menschen ankäme. Ein Messer läßt sich zum Schneiden von Brot, aber auch zum Ermorden eines Menschen benutzen. Es ist als technisches Instrument in dieser Hinsicht neutral. Sieht man es so, dann ist die technische Entwicklung als solche wertfrei, und der Ingenieur kann sich als Spezialist für das Funktionieren auf eben dieses beschränken. Der Höhepunkt in der Arbeit eines Ingenieurs wäre in der Tat dann gegeben, wenn der Test aufs Funktionieren positiv ausgeht, das Gebäude nicht zusammenstürzt und die Rakete tatsächlich in den Himmel fliegt und ihr Ziel erreicht.

Man wird nicht umhinkommen, einen Begriff von Technik zu entwickeln, der sich in der Tat zunächst einmal auf dieser Ebene des Funktionierens bewegt: Vereinfachungen, die funktionieren, sind Technik, so sagt es Luhmann sinngemäß, und er drückt damit eine allgemeine Auffassung von Technik aus. Technik, so verstanden, wäre etwas, das von Sinn und Bedeutung weitgehend entlastet ist. Motive oder das „richtige Bewußtsein" spielten bei der Entwicklung und Anwendung der Technik keine große Rolle; es reicht völlig aus, daß sie funktioniert. In dieser

Hinsicht wäre sie zutiefst trivial. Sinn und Bedeutung käme ihr nur sekundär zu: durch ihre Nutzung oder auch durch ihre Gestaltung, ihr Design, d.h. die Schnittstellen der Technik mit den Menschen.

Aber so einfach liegen die Dinge längst nicht mehr. Der Vergleich von Technik mit dem Messer ist verschleiernd, da die moderne Technik längst einen hyperkomplexen Zusammenhang bildet, der sich über ganze Gesellschaften, ja über den ganzen Globus ausgedehnt hat und der sinnvollerweise nur noch als System zu begreifen ist. Seine einzelnen Teilaspekte lassen sich nach wie vor als Instrumente verstehen und von Menschen nutzen. Insgesamt jedoch muß man von einer technischen Kultur oder auch einem System Technik reden, wenn man sie heute auch nur annähernd begreifen will. Das Funktionieren als solches und seine Aufrechterhaltung prägt die Welterfahrung vieler Menschen in einer Weise, daß man bisweilen den Eindruck haben kann, ihr Fragen nach Sinn und Bedeutung ginge hierüber gar nicht mehr hinaus.

Technik in dieser Hinsicht wird nicht als deutungsbedürftig oder als Symbol für etwas anderes begriffen, sondern als Wirklichkeit in sich. Die adäquate Philosophie für eine solche Technikauffassung ist sicherlich der Konstruktivismus bzw. sind auch viele Formen des Pragmatismus. Ihr Leitverständnis, daß Wahrheit das ist, was funktioniert, entspricht einer solchen Welterfahrung. Erfahrungen des Scheiterns kommen natürlich auch in einer solchen Weltsicht vor. Sie werden jedoch nicht in Richtung Schuld und Leid gedeutet, sondern in Richtung Fehler und Reparatur. Die Verbreitung solcher Technik und die Tatsache, daß sie selbst ganze Umgebungen für Menschen schafft, sorgt dafür, daß in vielfältiger Weise Menschen zur Technik hin sozialisiert und entsprechend motiviert werden. Das Gerät, die Maschine, ist dann mehr als ein Instrument. Es wird zum Mittel des Selbstausdrucks und zum „Partner“ desjenigen, der meint, es lediglich zu benutzen. Die Nutzung folgt der Logik des Systems Technik.

Eilert Herms und Arno Anzenbacher[2] haben in der Linie dieser Überlegungen Technik als soziale Institution begriffen, die wesentlich zum Menschen und zum menschlichen Zusammenleben gehört. „Ihre Bestimmung ist es, zur Wohlgeordnetheit des Zusammenlebens beizutragen“ – wobei die Kriterien der Bewertung spezifischen Daseinsverständnissen entspringen und nicht einfach auf der Hand liegen müssen. Es kann freilich sein, daß diese Ebene der Begründung von Technik aus dem Blick gerät: „Das technische Machen kann sich so verselbständigen, daß es sich ausschließlich aus dem Können legitimiert und vergißt, daß es auch Handlungsbewandnis hat und insofern moralisch verantwortet werden muß“. Dies liegt

[2] „Technikrisiken – zum Beispiel Kernenergie“, in: Zeitschrift für Evangelische Ethik, 1996, H. 1, S. 5ff.

u. a. daran, daß technisches Handeln sich von anderen Handlungsformen grundsätzlich dadurch unterscheidet, daß es zielsicherer und schneller zu operieren vermag. Der Faszination dieser Leistungsfähigkeit kann man sich nur schwer entziehen: Technik bildet als Eingriff in das Naturgeschehen und in das soziale Leben eine unauflösbare Einheit, in der wir immer schon leben. Dabei gehört Sicherheit zum Begriff der Technik konstitutiv hinzu: die gewollten Effekte müssen technikspezifisch sicher erreicht werden, wenngleich natürlich Sicherheit nur relativ zu haben ist.

In dieser Richtung kann es auch dazu kommen, daß sich ein Mythos der Technik entwickelt. Es ist ein Mythos, der darauf zielt, mittels Technik ganze „Welten" zu erschaffen. Natürlich fällt einem hier sofort die neue Technik der virtuellen Realitäten bzw. des Cyber Space ein. Entsprechende Prozesse vollziehen sich jedoch bereits auf einer sehr viel simpleren Ebene. Als Beispiel sei das Schokolade-Museum der Firma Stollwerk in Köln erwähnt. In diesem Museum wird Schokolade inszeniert und im Mittelpunkt dieser Inszenierung stehen Maschinen. Es handelt sich um Maschinen aus der Produktion von Schokolade, die von der Kakaomasse bis zum fertigen Schokoladenprodukt alle Produktionsstufen umfassen. Diese Maschinen sind deswegen besonders faszinierend, da sie als schwergewichtige Anlagen ganz kleine Täfelchen von Schokolade ausspucken. Es sind grobe und große Geräte, die dennoch äußerst sensibel mit dem Rohstoff umgehen und dabei etwas produzieren, was lustvoll auf der Zunge zergeht.

Die ganze Inszenierung feiert so neben der Schokolade vor allem die Technik, die zur Produktion von Schokolade unerläßlich ist. Und die Inszenierung feiert sie auf allen sinnlichen Ebenen, vor allem mittels Anregung des Geruchs- und des Geschmackssinns der Besucher. Zwar läßt sich auch hier argumentieren, daß die Maschine ein Instrument bleibt, um etwas herzustellen, aber das gesamte Arrangement macht deutlich, daß es um den Mythos der Technik geht, der hier gefeiert wird. So verweist in diesem Fall Schokolade, aber sonst fast jedes zeitgenössische Konsumprodukt, auf den Systemzusammenhang Technik, ohne den es nicht das wäre, was es ist.

Technik ist also als Gesamtheit nicht einfach als Instrument der Menschen zu begreifen; sie ist längst weit mehr. Sie ist auf jeden Fall ein gesellschaftliches Projekt, das sich, wenn überhaupt, nur auf dieser Ebene steuern läßt. Nur als ein Projekt auf dieser Ebene gedacht, läßt sich sinnvoll über Technikanwendungen, Technikbilder und über eine Lenkung der Technikentwicklung diskutieren. Wie ist das möglich?

## Die Leitbilddiskussion

Um die Entwicklung von Technik besser steuern zu können, sind in den letzten Jahren, herkommend aus den USA, Einrichtungen für die sogenannte Technikfolgenabschätzung geschaffen worden. Sie dienen dazu, bei der Einführung neuer Techniken deren direkte und indirekte Folgewirkungen rechtzeitig zu erfassen, um somit einen vorausschauenden Rückkopplungsprozeß zu installieren. Die Einrichtung von Institutionen der Technikfolgenabschätzung hat zu einer erheblichen Steigerung der Sensibilität in der Technikentwicklung für gewollte und ungewollte Nebeneffekte geführt. Nachhaltige Entwicklung zu fördern, ist nicht möglich, wenn man nicht derartige Abschätzungen neuer Technikentwicklungen vornimmt.

Nun zeigt sich jedoch im konkreten Prozeß, daß Technikfolgenabschätzung entweder zu früh oder zu spät kommt. Zu früh deswegen, weil sie oftmals bereits an einer Schwelle der Technikentwicklung ansetzt, die noch sehr unkonkret ist und deswegen nur sehr vage Aussagen über künftige Folgen erlaubt. Zu spät, weil sie oftmals präzise erst dann greifen kann, wenn eine Technik bereits entwickelt ist, im großen Maßstab hergestellt wird und dann aus rein finanziellen Gründen auch ihre Anwendung erzwingt.

Fragt man zudem, welche Rolle nichttechnische oder naturwissenschaftliche Wissenssysteme in Fragen der Technikentwicklung spielen könnten, so bleiben die herkömmlichen Instrumente der Technikfolgenabschätzung weitgehend stumm. Natürlich läßt sich im Prinzip auch so etwas wie eine kulturelle Folgenabschätzung neuer Techniken vorstellen. Sie bleibt jedoch in ihren Ergebnissen äußerst vage. Dennoch macht jeder Blick auf die Geschichte der Technik deutlich, daß sie sich nie nur aus rein technischen Überlegungen und Zwängen ergeben hat, sondern daß immer auch kulturelle Elemente in ihre Entwicklung hineingespielt haben. Ja, Technik kann selbst, wie bereits gesagt, kulturelle Geltung beanspruchen.

Gesucht ist mithin diejenige „Schaltstelle“ im Prozeß der Entwicklung einer neuen Technik, an der verschiedene Wissenskulturen beteiligt sind und in ihrer Überschneidung neue Technik erzeugen. In eben dieser Hinsicht haben Meinolf Dierkes, Ute Hoffmann und Lutz Marz[3] die Funktion von Leitbildern diskutiert und für die Technikdiskussion plausibel gemacht. Es sind, so ihre These, nicht rationale Überlegungen allein, die die Entwicklung von Technik voranbringen, sondern es sind im Kern „Leitbilder“, in denen sich technische, naturwissenschaftliche, soziale und kulturelle Bilder überlagern und verdichten. Technisches Wis-

[3] M. Dierkes/U. Hoffmann/L. Marz, Leitbild und Technik. Zur Entwicklung und Steuerung technischer Innovationen, Berlin, 1992 (die Seitenzahlen im folgenden Text beziehen sich auf diese Veröffentlichung).

sen, so formulieren sie pointiert, entsteht aus der Interferenz von Wissenskulturen – nicht aus der Eigenlogik der Technikevolution als solcher allein. Sie nehmen so von vornherein Abschied von einer Auffassung von Technik als einem sich nur unter Bezug auf sich selbst entwickelnden autonomen System. Wenn dies stimmt, dann gibt es aus prinzipieller Sicht auch Chancen, daß religiöses und theologisches Wissen in die Gestaltung derartiger Leitbilder mit eingehen kann. Der Diskurs zwischen Theologie und Technik hätte dann nicht nur eine Randaufgabe, z. B. frustrierte Ingenieure religiös zu trösten, sondern eine wichtige Gestaltungsfunktion.

Die Autoren erläutern die Funktionen von Leitbildern. Dabei gehen sie davon aus, daß mit ihnen ganz simpel zunächst Bilder gemeint sind, die „leiten". Aber wie funktioniert „Leiten durch Bilder"? Um dies zu präzisieren unterscheiden sie zwischen der „Leitfunktion" und der „Bildfunktion". Die *Leitfunktion* der Bilder besteht aus folgenden drei Teilfunktionen: „Sie bündeln zum einen die Intentionen und das Erfahrungswissen der Menschen darüber, was ihnen einerseits als machbar und andererseits als wünschbar erscheint." Sie führen zum anderen die individuellen Wahrnehmungs- und Bewertungsformen der beteiligten Akteure zusammen und ersetzen noch nicht existierende verbindliche Regelsysteme und Entscheidungslogiken in der Kommunikation zwischen Vertretern unterschiedlicher Wissenskulturen.

Leitbilder integrieren so auf einer relativ selbstverständlichen und unproblematischen Ebene vieles, was sonst ausgesprochen schwierig und komplex erscheint. Ihre Plausibilität beruht u. a. auch darauf, daß sie zwar gestaltet werden können, nicht jedoch „gemacht" worden sind. Individuelle Wahrnehmungs- und Bewertungssysteme werden so miteinander verknüpft, daß die Bewertung die Wahrnehmung lenkt. „Metaphorisch gesprochen: der Bewertungspfad definiert den Wahrnehmungshorizont." Keinesfalls stehen also „nüchterne" Interessen im Vordergrund. Vielmehr kommen sie nur dann zum Tragen, wenn sie als wertvolle in den Blick geraten, d. h. aber, daß „Werte" den Horizont bestimmen. Leitbilder bestimmen den Horizont näher und eröffnen so einen Zielraum, in dem sich weitere Prozesse abspielen können und Kommunikation Sinn macht. Damit sie dies leisten können, müssen sie ein hohes Maß an externer Füllbarkeit aufweisen, d. h. für sich genommen vage und unbestimmt sein. Ihre Schwäche in dieser Hinsicht ist ihre Stärke im Blick auf das Ganze.

Auf der Leitebene sorgen die Bilder dafür, daß sich die Akteure mit ihren unterschiedlichen Wissenskulturen in einem Interferenzraum bewegen können und, je länger sie das tun, desto mehr sich auch gegenüber ungewohnten und bisher fremden Argumenten öffnen. Im Sinne der klassischen Hermeneutik könnte man sagen: sie leisten „Horizontverschmelzungen" und konstituieren so gemeinsame Räume und Zeiten. Das, worum sich alles dreht, wird den Vertretern der verschiedenen Wissenskulturen nicht von irgendeiner fremden Instanz diktiert oder vorgesetzt, sondern ist in ihren Prozessen immer schon mitgegeben. Was sie tun, tun sie aus eigenem Antrieb, der wiederum in einem symbolischen Kontext organisiert ist.

Neben der Leitfunktion steht die *Bildfunktion*. Sie wird von den Autoren ebenfalls in drei Richtungen auseinandergelegt. Die Bilder aktivieren kognitive Potenzen und mobilisieren personelle Ressourcen. Schließlich stabilisieren sie interpersonelle Prozesse, binden Menschen aneinander, die sonst nichts aneinander bindet. Es ist der Vorteil von Bildern gegenüber Begriffen, daß sie viele Probleme leicht repräsentieren und so Lösungspotentiale integrieren können. „Das Bild residiert nicht nur in den Köpfen, es sitzt auch in den Herzen der Menschen. Ja und es – man gestatte diese unwissenschaftliche Formulierung – greift nach ihren Seelen" (55). „Was die Produzenten technischen Wissens trotz aller sachlichen Schwierigkeiten und persönlichen Widrigkeiten wieder und wieder zusammenarbeiten läßt, ist ein permanenter Selbstzwang zur Kooperation und Internalisation, ein Selbstzwang, der aus dem Bild resultiert, das sie leitet" (56). Gerade in der Entwicklung neuer Technik kommt es oft zu krisenhaften Situationen und zu Spannungen, die auszuhalten unerträglich sein kann. In diesen Kontexten verlieren traditionelle soziale Fremdzwänge oft an Plausibilität. Die Orientierung an Leitbildern hat dann eine immens stabilisierende Funktion.

In ihrer Studie unterwerfen Dierkes, Hoffmann und Marz das Leitbildkonzept auch einem Plausibilitätstest, und zwar an drei historischen Fällen: der Entwicklung des Dieselmotors, der Schreibmaschine und des Mobiltelefons. So sehr verschieden die Entwicklung in den jeweiligen Fällen gelaufen ist, wird doch gemeinsam deutlich, wie komplex, ambivalent und diffus im einzelnen die Entwicklungen verlaufen sind – vor allem zu Beginn. Zusammengehalten wurden sie in der Tat oft nur durch eine vage Zielsetzung, die auf der Ebene von Bildern emotional steuernd gewesen ist. In keinem Fall ist die Entwicklung von Technik lediglich aus ihr selbst zu erklären, sondern nur aus dem Zusammenwirken verschiedener Wissenskulturen. Die immer wieder notwendigerweise auftauchenden Synchronisationsprobleme in der Forschung werden durch ein „Etwas" gesteuert, das sich mit dem Begriff des Leitbildes gut erfassen läßt. Allerdings ist der Leitbildbegriff in der empirischen Konkretion selbst auch vage und nicht immer klar zu erfassen.

Am Beispiel der Schreibmaschine: Das Leitbild lautete, eine seriell produzierte und massenhaft zum Schreiben genutzte Maschine zu produzieren. Diese Vorstellung hatte Implikationen, „die den Wahrnehmungshorizont der an der Entwicklung der Schreibmaschine beteiligten Akteure definierten, die festlegten, was man gemeinsam nicht sah, worüber man nicht nachdachte, welche Probleme und Fragen systematisch aus dem Blickfeld der Entwickler ausgeblendet blieben. In diese schwarzen Löcher der Wahrnehmung fielen z. B. bestimmte Kriterien der Benutzerfreundlichkeit, für deren technische Realisierung es durchaus Anknüpfungspunkte gab" (101).

Ganz ähnlich auch bei der Entwicklung des Telephons. Leitend war die Vorstellung, daß jeder Amerikaner mit jedem Amerikaner zu jeder Zeit sprechen können sollte. Trotz vieler fehlgeschlagener Versuche und technischer Irrwege hatte diese Vorstellung eine enorme Kraft und mobilisierte immer wieder genügend Energie und Synergie, um die Idee schließlich zu realisieren.

Die Autoren resümieren: Alle Geschichten zeigen, „wie sehr die Produzenten neuen technischen Wissens von dem Bild, das sie leitete, in ihrer gesamten Persönlichkeit erfaßt wurden. Das Bild saß nicht nur in ihrem Denken, es war auch in ihrem Herzen und, wenn man so will, in ihren Seelen" (105). Was daraus folgt, ist, daß die Vorstellung, die technische Entwicklung wäre nur im Wege einer „harten Steuerung" zu beeinflussen, falsch ist. Die technische Entwicklung vollzieht sich nicht nur beeinflußt durch Gesetze und Vorschriften, sondern vor dem Hintergrund relativ „weicher Bilder", die individuelle und kollektive Akteure leiten. In ihnen verdichten sich stillschweigende Hintergrundgewißheiten (122), die prägender sind als äußere Handlungsgrenzen und Zwänge.

Noch einmal: Leitbilder entstehen durch Interferenzen zwischen Wissenskulturen. Sie können nicht verfügt oder verordnet werden, sondern ergeben sich. Sie implizieren folglich so etwas wie einen Dialog, zumindest aber Kontakte, allerdings oftmals unterhalb einer bewußten Ebene. Wer auf sie Einfluß nehmen will, der muß die kommunikative Isolation von Wissenskulturen durchbrechen, erstarrte Kommunikationsmuster flexibilisieren (155). Dabei ist deutlich, daß solche Prozesse lediglich angeregt und gefördert werden können, Ergebnisse lassen sich jedoch keinesfalls erzwingen (157).

Es geht mithin um die Pflege einer Kultur des Dialogs zwischen diesen Wissenskulturen, damit die Technikentwicklung in eine sinnvolle humane Richtung gesteuert werden kann. Insbesondere dann, wenn hohe Unsicherheiten die Zukunft prägen, haben Leitbilder enorme Bedeutung, da durch die Orientierung an ihnen Beständigkeit vermittelt wird. „Wunsch und Wirklichkeit, Gegenwart und Zukunft, Idee und Artefakt werden in diesen Bildern nicht nacheinander, sondern simultan, nicht seriell, sondern parallel repräsentiert" (163).

Es sind mithin, um es zu wiederholen, „Bilder, die nach der Seele greifen", die auch die Technikentwicklung prägen und steuern. Diese Bilder sind mit Selbstrepräsentationen und Idealbildern der wohlgeordneten Gesellschaft eng gekoppelt. Damit liegt auf der Hand, daß sich durchaus auch Beziehungen der Technikentwicklung zu religiösen Vorstellungen und damit zur theologischen Reflexion ergeben können. Im Rückblick auf die Technikentwicklung wird man diese Zusammenhänge auch explizit erheben können. Untersuchungen hierüber liegen freilich kaum vor; wenn es sie gibt, dann bewegen sie sich eher auf einer allgemeineren philosophischen Ebene. Charles Taylor fragt z. B. in seinem faszinierenden Buch: „Quellen des Selbst"[4] nach den „inescapable frameworks" bzw. den „background pictures", die der neuzeitlichen Identitätsvorstellung unterliegen. Von ihnen ließen sich vermutlich auch Linien zu den großen Entwicklungswegen der neuzeitlichen Technik ziehen.

Schwieriger wird es natürlich, wenn nicht nur im Rückblick gedacht und gedeutet wird, sondern prospektiv geplant werden soll. Welche Rolle kann dann theologischer Reflexion und Symbolik zukommen?

## Die Teilhabe an der Geschichte Gottes

Der bisherige Gedankengang sollte zeigen, daß Technikentwicklung mit Leitbildern zu tun hat, die durch die Überschneidung von Wissenskulturen zustande kommen. Sie unterliegt einer spezifischen Psychodynamik, die nicht nur technisch immanent zu begreifen ist, sondern sich in beständigen Wechselwirkungen mit vielen Kulturen entwickelt. Zu solchen Wissenskulturen gehört auch die religiöse Symbolik und ihre theoretische Reflexion in der Theologie. Gerade religiöse Kulturen stiften psychodynamisch wirksame Zusammenhänge in besonderer Weise. Damit ist gesagt, daß prinzipiell auch theologisches Wissen am Dialog um eine sinnvolle Technikentwicklung teilnehmen kann.

Fragen müssen jetzt allerdings gestellt werden:
- zum einen, wie dieses theologische Wissen aussieht, welchen Prinzipien und Strukturen es folgt;
- und zum anderen, in welchem Verhältnis es zu anderen Wissenskulturen steht.

Mit der Aussage, daß es sich in einen Dialog um Leitbilder einbringen muß, ist von vornherein gesagt, daß es nicht für sich allein beanspruchen kann, Orientierungsdaten zu setzen, sondern dies nur im Austausch und im Gespräch mit Anderen. Die Zeiten, in denen die Theologie die Zuständigkeit für eine Metakultur beanspruchen konnte, sind lange vorbei. Dennoch ist es natürlich so, daß die Theologie aus sich selbst heraus nach wie vor einen umfassenden Geltungsanspruch transportiert, den sie auch nicht suspendieren kann. Sofern Theologie von der Geschichte Gottes mit der Welt handelt, wird sie immer das Ganze der Wirklichkeit im Blick haben, und so argumentiert sie in der Regel auch in einer pathetischen Weise, die leicht dazu tendiert, anderen Kulturen den Vorwurf zu machen,

[4] dt. Frankfurt a. M. 1996, engl. 1989.

nur Nebenaspekte in den Blick zu nehmen. Ein Dialog, der so beginnt, ist jedoch zum Scheitern verurteilt. Die Theologie kann ihre eigenen Geltungsansprüche nur argumentativ einbringen, zwanglos und muß abwarten, ob ihre Perspektiven auch in anderen Kulturen genutzt werden können. Christliches Daseinsverständnis ist, wie jedes andere auch, kontingent, nicht selbstverständlich, koexistiert und konkurriert mit Weltanschauungen und Ideologien und muß seine Plausibilität selbst entfalten und verantworten.

Nun gehen die Meinungen darüber, wie die Wissenskultur der Theologie aussieht, nicht nur unter Theologen weit auseinander. Man wird vor allem unterscheiden müssen zwischen einer betont theoretischen, eher abstrakten theologischen Diskussion im Bereich der theologischen Dogmatik und einer eher praxisnahen theologischen Pragmatik, die im unmittelbaren Zugriff Lebenserfahrungen als religiöse identifiziert und theologisch deutet. Je nachdem, wie hier angesetzt wird, wird sich der Dialog mit Technikern anders vollziehen: Zum einen auf einer grundsätzlichen Ebene, auf der nach der Konstitution von Wirklichkeit als solcher und der Rolle von Technik in ihr gefragt wird. Zum anderen auf einer Ebene, auf der die Ingenieure als potentielle religiöse Subjekte auf ihr alltägliches Handeln und die Erfahrung Gottes in ihm angesprochen werden können.

Verbindend zwischen diesen Ebenen scheint mir jedoch ein Grundcharakter theologischer Argumentation heute zu sein: Er besteht darin, daß sie nicht darum herum kommt, die Dialogpartner bzw. die technischen Akteure in eine zu erzählende Geschichte hineinzuziehen, aus der heraus sich Bedeutungen und Geltungsansprüche erst als plausibel erweisen können. Es ist nötig, die Geschichte des christlichen Glaubens als eine Geschichte Gottes mit der Welt und mit seinem Volk prägnant zu erzählen, weil sich von selbst eine Plausibilität des Christlichen nicht mehr einstellt. Die Situation sei in früheren Zeiten anders gewesen, so wird behauptet, da die entsprechende Geschichte – und die daraus abgeleiteten Geschichten – unmittelbarer Bodensatz der Kultur gewesen seien, in der sich auch die Technikentwicklung der Moderne vollzogen hat. Davon, daß dieser Bodensatz erhalten bleibt und präsent ist, kann jedoch unter Bedingungen der gesellschaftlichen funktionalen Differenzierung nicht mehr ausgegangen werden.

Wenn man in dieser Weise von Geschichte und Geschichten, von „Storys“ spricht, so wird schon auf dieser Ebene ein unmittelbarer Zusammenhang mit der Leitbilddiskussion evident. Leitbilder lassen sich gut zu Geschichten verdichten und so erzählen. Ja, sie machen oft selbst ganze Geschichten aus. Bilder, Symbole, stehen ohnehin in einem engen Zusammenhang mit dem Narrativen, weniger mit dem begrifflich Diskursiven. Die Geschichte vom Turmbau zu Babel als einer der frühesten Auseinandersetzungen des biblischen Glaubens mit so etwas wie Technik ist bis heute ein Menetekel und bleibt unmittelbar plausibel. Auch die Vorstellung der Arche als eines technischen Symbols hat nach wie vor einen enorm hohen emotionalen Gehalt. So lassen sich zoologische Gärten heute als Arche begreifen und sind in dieser Symbolisierung unmittelbar plausibel.

Es ist nun das Kennzeichnende der biblisch christlich-jüdischen Geschichte, daß sie nicht nur unter Bezug auf die in ihr treibenden Kräfte erzählt werden kann, sondern über sich selbst hinausweist, ja zu großen Teilen die herkömmliche Welterfahrung geradezu als Symbol für die Transzendenz benutzt. Der Turmbau zu Babel und die Arche sind technische Artefakte, aber zugleich Handlungsweisen Gottes. Unabhängig davon, ob man diese Auffassung teilt oder nicht, wird doch die Funktion deutlich, die die theologische Reflexion an dieser Stelle haben kann: Sie macht es möglich, bestimmte gesellschaftliche Entwicklungen virtuell „von außen" sehen zu können. Man kann als Elementarfunktion religiöser Kommunikation genau diesen Zusammenhang bezeichnen: Das Religiöse besteht darin, daß in der Situation Distanz zu ihr geschaffen werden kann, indem die Situation transzendiert wird. Gute religiöse Kommunikation funktioniert so, daß die Situation in ihrer Struktur präzise wahrgenommen und zugleich auf einen größeren Zusammenhang, auf den größten denkbaren Zusammenhang hin transzendiert wird. Das Pathos, mit dem derartige Prozesse leicht einhergehen können, ist in der christlich biblischen Tradition dadurch gebrochen, daß der christliche Gott gerade als Opfer solcher Art religiöser Argumentation begriffen werden kann. Der Christus, der am Kreuz hängt, durchbricht alle Wege religiöser Selbsterlösung der Menschen, verweist auf die Notwendigkeit der Erlösung und läßt so die Situation selbst irreligiös, säkular bleiben.

Die religiöse bzw. theologische Wissensproduktion ist also elementar an das Erzählen einer spezifischen Geschichte bzw. vieler spezifischer Geschichten gebunden. Die Abstraktionen, die sie vollzieht, sind ohne Rückbezug auf diese narrative Basis nicht denkbar und auch gar nicht verständlich. Mit ihnen ist ein Zusammenhang beschrieben, in dem sich Menschen begreifen können. Dieser Zusammenhang hat einen Anfang, der biblisch mit der Vorstellung der Schöpfung und ein Ende, das mit der Vorstellung der Versöhnung oder Erlösung beschrieben ist. Damit ist der Raum und die Zeit, in der Menschen stehen, qualifiziert und definiert.

Auch die Technik ist damit nichts Beliebiges, sondern ordnet sich in diese Geschichte ein. Der Techniker ist, so hat es Sigurd Martin Daecke immer wieder begründet,[5] Mitschöpfer Gottes – freilich in dieser Hinsicht auch immer Mitzer-

[5] Vgl. S. M. Daecke, Der Mensch als Mitschöpfer. Aspekte einer Ethik der Technik, in: ders. / K. Henning, Verantwortung in der Technik. Ethische Aspekte der Ingenieurwissenschaften, Mannheim / Leipzig / Wien / Zürich 1993, S. 16 ff.

störer. Die biblische Tradition ist völlig frei davon, das menschliche Handeln in irgendeiner Weise zu idealisieren. Der Weg zurück ins Paradies ist ein für allemal versperrt und wird auch mittels noch so perfektionierter Technik nicht wieder geöffnet werden. Menschliches Handeln ist immer auch Zerstörung und damit immer auch im Horizont von Schuld zu begreifen. Dementsprechend ist auch nicht zu erwarten, daß es vollkommen eindeutige Leitbilder der Technikentwicklung geben könnte. Sie werden immer Ambivalenzen aufzeigen, aus welchem Grund man sie zwar benutzen und entwickeln sollte, aber ihnen nicht verfallen darf. Auch sie bleiben trotz aller Prägekraft Instrumente des Menschen und sollen ihn nicht beherrschen.

Mit diesen Bemerkungen wird deutlich, daß sich religiöses und theologisches Wissen kennzeichnend anders organisiert als naturwissenschaftlich-technisches oder auch sozialwissenschaftliches. Es tendiert in der Regel dazu, große Entwürfe vorzulegen und ist deswegen für konkrete Anwendungsprobleme von Technik bisweilen auch gar nicht hilfreich. Theologie und Kirche sollten aus diesem Grund in der Konkretion unter allen Umständen zurückhaltend sein. Beständig zu fragen, wohin sich die Technik entwickelt: das bleibt natürlich ihre Sache. Und eigene Leitvorstellungen, Bilder und Symbole einzubringen auch. Darüber hinaus kann sie jedoch die Faszination an der Technik und den Spaß am Lösen konkreter Probleme selbst weder initiieren noch ersetzen. Von Moralismen sollte sie sich in dieser Hinsicht strikt fernhalten.

Wie kann ein Beitrag der Theologie bzw. des christlich-religiösen Wissens praktisch aussehen? Bevor man sich, in dieser Hinsicht Diskursen und begrifflichen Abklärungen zuwendet, lohnt es sich im Sinne des Bildhaften einen Blick auf die symbolische Produktion des christlichen Glaubens in Musik, Architektur und Kunst zu werfen. Christlich-religiöses Wissen hat sich immer wieder in spezifischen Atmosphären niedergeschlagen und ihnen Gestalt verliehen. Wenn nicht alles täuscht, hat es über diese „Schiene" auch Einfluß auf die Leitbilddiskussion, sehr viel mehr jedenfalls als es sie über Maximenbildungen u. ä. haben könnte. Letztere werden vermutlich nur dann Geltung haben und handlungsrelevant umgesetzt werden, wenn sie sozusagen auf erstem „aufruhen".

Einen herausragenden Versuch, sich der modernen Technik und Naturwissenschaft künstlerisch zu nähern, stellen die Heidelberger Kirchenfensterentwürfe von Johannes Schreiter dar.[6] Sein Anliegen ist nicht nur der Dialog zwischen christlichem Glauben und den Welten von Physik, Chemie, Biologie, Medizin, Verkehr, Computer, Medien u. a., sondern er „zieht" diese wirklichkeitsbestim-

[6] Vgl. J. Schreiter, Brandcollagen, Zeichnungen, Heidelberger Fensterentwürfe, hg. v. H. Gercke, Heidelberg 1987.

menden Kräfte gleichsam in das christliche Heilsdrama hinein. Dies gelingt vor allem dadurch, daß in jedem Fenster die Farbe Rot sich von oben über die dargestellten technischen Symbole (Schaltpläne, Codierungen, Monitore, Formeln, Kurven, Graphiken usw.) ergießt. Rot ist die Farbe des Blutes, des Erlösungsblutes Christi. Sein Blut ergießt sich über die ambivalenten Phänomene der Moderne und „färbt" sie ein.

Im Falle des Computerfensters zeigt der Künstler im oberen Drittel einen Strichcode, darunter die klassische Lochkarte und schließlich, mit einem Brandmal versehen, ein Platinenlayout. Ganz unten findet sich in aggressiver grüner Farbe der Hinweis, daß 1982 der Computer zum Mann des Jahres gewählt worden ist. Besonders eindrucksvoll auch das Physikfenster: es zeigt unten die Atomexplosion von Hiroshima mit der Einstein'schen Formel $E = mc^2$ und darüber ein Bibeltext in gotischer Schrift, der vom Tag Gottes und ein weiterer, der von der Treue Gottes spricht, sowie Auferstehungssymbole. Theo Sundermeier hat zum Physik-Fenster geschrieben: „Mich bestürzt es, wie auf diesem Bild im unteren Teil die rote Farbe des Atompilzes fast bruchlos in des Rot der unverbrüchlichen Liebe Gottes übergeht. Etwas von dem abgründigsten der Theologie Luthers nimmt sichtbare Gestalt an, nämlich das Wissen um den Gott, der so schrecklich sein kann in seinem Gericht, daß man ihn nicht mehr zu erkennen vermag, der als ‚deus absconditus', als verborgener Gott sich hinter ‚Larven und Masken' verbirgt und der dennoch vor Liebe brennt ‚wie ein glühender Backofen', wie Luther sagt. Er verbirgt sich, der unendlich nahe Gott, der zugleich seine Liebe und Herrlichkeit hinter allem Weltgeschehen, aus dem Schrecklichsten erblicken läßt."[7]

Das Heidelberger Kirchenfensterprojekt ist sicherlich kein direkter Beitrag zur Leitbilddiskussion – ließe sich hierfür im unmittelbaren Zugriff auch gar nicht verwenden. Es wird vermutlich nicht wenige Zeitgenossen sogar befremden: wer kann schon heute noch etwas mit der Rede vom Erlösungsblut Christi anfangen? Das Werk wirkt in dieser Hinsicht archaisch und stellt gerade so eine Verbindung über die Jahrtausende zu den Quellen christlicher Identität her und nimmt die Welt der Technik und der Naturwissenschaft, so ambivalent sie ist, mit in diese Geschichte hinein. Hans Gercke schreibt: Weltliches Wissen, so will es Schreiter dargestellt sehen, ist nur denkbar vor dem Hintergrund göttlicher Kraft, menschlicher Geist nicht vorstellbar ohne das Wirken des Heiligen Geistes. Verweigert wird mit diesen Fenstern jede Form religiöser Idylle: die bedrängende Realität in all ihrer Ambivalenz findet sich im Kirchenraum wieder und ist so dennoch „schön".

[7] Th. Sundermeier, Die Langhausfenster. Kreuzstationen der Gegenwart, MS.

So sind diese Fenster denn doch ein starker Beitrag zur Leitbildfrage: sie lassen hinter alle vordergründigen, „gemachten" Bilder zurückfragen nach den Menschen und ihrer Positionierung in der Welt und Wirklichkeit. Letztlich eindeutiges Handeln, daß alle Ambivalenzen abgestreift hätte, ist auch technisch nicht zu realisieren: Eindeutigkeit ist Kennzeichen allein des Handelns Gottes. Das nimmt der Technik jeden Mythos und läßt sie bestenfalls Instrument sein und bleiben.

## Fazit

Indem man Leitbilder zum Thema des Dialogs macht, führt man eine Verständigung darüber herbei, was denn letztlich als Wirklichkeit begriffen werden kann. Dieser Satz klingt pathetisch, ist aber ganz pragmatisch gemeint: Durch die neuen Kommunikations- und Informationstechniken, insbesondere die Konstruktionen der sogenannten virtuellen Realitäten, wird Normalität, das, was in herkömmlicher Weise unter Wirklichkeit begriffen wird, zu einem Fall unter vielen möglichen. Dabei sind die neuen technischen Möglichkeiten auch wiederum nichts Besonderes; immer hat Technik Wirklichkeit gestaltet und die Wahrnehmung der Menschen entscheidend geprägt; sei es die Eisenbahn, sei es das Auto, sei es das Kaugummi oder eben die Atombombe. Technisch erschlossene neue Möglichkeiten haben den Erlebens- und Handlungsspielraum der Menschen beträchtlich erweitert. Die Ambivalenz dieser ganzen Entwicklung sehen wir heute allzu deutlich, aber niemand wird bereit sein, diese Entwicklung in ihrem Kern zurückzudrehen. Das schlimmste, was geschehen kann, ist, daß die Technik vor den bedrängenden ökologischen und anderen Weltproblemen kapituliert. Dann wäre ein Rückfall in die Barbarei nicht zu vermeiden. Folgeprobleme der technischen Entwicklung lassen sich wiederum nur durch Technik lösen – hierüber gibt es einen breiten Konsens. Letztlich gültige Eindeutigkeit ist nicht herstellbar; alles bleibt fragil und fragmentarisch.

Gerade deswegen kann es außerordentlich nützlich sein, die gesamte technische Kultur, das System Technik, virtuell von außen zu betrachten und auf seine Zielrichtung hin zu befragen. Durch die Konfrontation mit religiösen Bildern und Symboliken ist so etwas im Prinzip gut möglich. Darin besteht die funktionelle Leistung von theologischer Reflexion im Dialog mit der Technik. Sie fügt den Welten des Subjektes Mensch und seiner Objekte, die er mit Technik bearbeitet, eine dritte Welt hinzu, die Distanz ermöglicht, ohne doch die Verbundenheit mit der Welt zu zerstören. Birgit Volmerg hat davon gesprochen, daß es als primäres Ich-Gefühl eine Verbundenheitserfahrung und ein Zusammengehörigkeitsgefühl unter Menschen geben kann – ein ozeanisches Gefühl, das Quelle kultureller und religiöser Bindung ist.[8] Dies gilt es zu nutzen.

Was es folglich für die Zukunft braucht, sind verstärkte öffentliche Verständigungsprozesse über Leitbilder des Zusammenlebens. Sie werden sicherlich in Form von Diskursen organisiert werden, aber man muß sich klar sein, daß Dauerreflexion allein kaum in der Lage ist, Verbundenheitsgefühle und ethische Bindungen zu konstituieren; vielmehr lebt die Dauerreflexion lebenspraktisch davon, daß es sie gibt und nutzt sie. Nötig ist deswegen die Stiftung von kultureller Gemeinsamkeit, die aus dem Sich-Einleben in Geschichten entsteht. Es dürfte deutlich sein, daß dies keine Sonderaufgabe der Kirche oder gar der Theologie sein kann, sondern eine Grundvoraussetzung verantwortlichen technischen Handelns überhaupt ist – und zwar nicht trotz, sondern gerade wegen der prinzipiellen Offenheit allen solchen Handelns.

Gefordert sind deswegen Handlungs- und Reflexionsfelder, in denen technisches Handeln immer wieder kulturell 'rückgebettet' wird. Vor allem in der Ausbildung von Technikern und Ingenieuren sollten derartige Möglichkeiten vorgehalten werden: eine Art Grundstudium, das nicht nur technisches Grundwissen, sondern auch ethisch-kulturelle Kompetenz vermittelt, ist gefordert. Ziel solcher Studieneinheiten muß es sein, Technik als Teil der Kultur zu begreifen und ihre Entwicklung dementsprechend zu konzipieren. Technisches Handeln würde dadurch zugleich aufgewertet und relativiert: es ist unabtrennbarer Teil allen menschlichen Bemühens, mit der Unsicherheit der Existenz zurechtzukommen; es ist aber eben auch immer nur ein Teil davon.

[8] Vgl. E. Senghaas-Knobloch/B.Volmerg, Technischer Fortschritt und Verantwortungsbewußtsein. Die gesellschaftliche Verantwortung von Ingenieuren, Opladen 1990.

Werner Meihorst

# Zukunftsorientierung des Ingenieurberufes und Ingenieureid

## Ingenieur und Gesellschaft

Der Ingenieurberuf hat in unserer freiheitlichen Gesellschaftsordnung weitreichende Anerkennung gefunden als herausragender geistig-schöpferischer Kulturberuf von hoher gesellschaftsrelevanter Bedeutung. Die politische Einflußchance der technischen Intelligenz über die Mobilisierung der heute für die Technikdiskussion sehr sensitiven Öffentlichkeit ist beachtlich. Die Ingenieure sind zu einem wesentlichen gesellschaftspolitischen Faktor und Kulturträger mit unverzichtbarem Mandat geworden.

Der Ingenieur erfüllt nicht nur technisch-wirtschaftliche Funktionen, sondern auch soziale wie kulturelle Aufgaben der Technikbewältigung. Sicherheitsbedürfnis und Technikverständnis des Bürgers, Akzeptanz der Technik, Technikbewertung und Technikfolgenabschätzung bis hin zum Verbraucherschutz sind originäre Problemfelder, auf denen er als gesellschaftliches Ferment und menschlicher Katalysator multiplikativ wirkt.

Die heutige Ingenieur-Generation hat an globalen Beispielen technischer Machtmöglichkeiten von Tschernobyl über Golfkrieg bis zur aktuellen Deklaration von Rio de Janeiro ein beachtliches berufsmoralisches Sensorium entwickelt. In Hochschulen und Verbänden wie auch in der Wirtschaft und Verwaltung sind die Ingenieure in zukunftsweisende berufsethische Reflexionen eingetreten.

Der Beruf des Ingenieurs wird allerdings im politischen Sprachgebrauch der Bundesrepublik Deutschland wie auch der europäischen Gemeinschaft als wirtschaftsnaher höherer Dienstleistungsberuf im tertiären Sektor klassifiziert. Diese Klassifikation wird dem Beruf allenfalls in ökonomischer und soziologischer Hinsicht gerecht.

In etymologischem Sinne bezieht der Ingenieur seine Berufsbezeichnung auf den lateinischen Begriff Ingenium – schöpferischer Geist. Vom altägyptischen Kulturkreis bis in das Abendland der Neuzeit stehen Namen wie Imhotep, der 4000 v. Chr. zum Gott erhobene Pyramidenbauer, Ingenieure und Erfinder wie Vitruv, Leonardo da Vinci, Leibniz bis hin zu Nervi und Leonhardt für das Ingenium. Das Ingenium kennzeichnet den Beruf. Darauf gründet sich seine besondere gesellschaftliche Bedeutung.

Die Bedeutung der Technik und damit des Ingenieurs in der Gesellschaft wird beispielhaft dargestellt durch das Motto der deutschen Weltausstellung EXPO 2000: Mensch – Natur – Technik. Dieses Motto symbolisiert das Spannungsfeld der kulturtragenden Kräfte eines neuen Zeitalters.

## Zur soziologischen Situation der Ingenieure in Deutschland

Das berufliche Selbstbewußtsein der Ingenieure kann sich nicht allein gründen auf Qualifikation und Verantwortungsfreudigkeit. Der soziologische Hintergrund des Berufes darf zur Darstellung des Berufsbildes nicht außer acht gelassen werden.

Innerhalb des Produktions-, Dienstleistungs- und Verwaltungsgefüges der Bundesrepublik befindet sich die Mehrzahl der Ingenieure in Positionen der Entscheidung und Vertretung. Etwa 15 Prozent der Ingenieure bekleiden Spitzenpositionen. Es zeichnet sich deutlich die Gruppe der „Leitenden Angestellten“ ab. Bemerkenswert hoch ist auch die Zahl der in Forschung und Lehre Tätigen.

Auch in kleineren bis mittleren Wirtschaftseinheiten kann auf den Einsatz von Ingenieuren nicht verzichtet werden. Die in den Unternehmen der Bundesrepublik tätigen Ingenieure gehören zu 30 Prozent kleineren bis mittleren Unternehmen (bis 500 Beschäftigte) an und zu 60 Prozent den großen Unternehmen (über 500 Beschäftigte).

Die Gesamtzahl der in der Bundesrepublik Deutschland tätigen Ingenieure wird auf etwa 900 000 geschätzt, bei einer Ingenieurdichte von ca. sechs Ingenieuren je 1 000 Erwerbspersonen. In der Berufsausübung ist mit etwa 60 Prozent Angestellten, 25 Prozent Beamten, 10 Prozent Ingenieurunternehmern und 5 Prozent Freiberuflern zu rechnen.

Die Sozialherkunft der Ingenieure gibt Aufschluß darüber, in welchem Verhältnis die einzelnen Bevölkerungsschichten an der technischen Intelligenz beteiligt sind und darüber, welche gesellschaftliche Entwicklungskraft bestimmend geworden ist.

Erhebungen hinsichtlich der Herkunft der Ingenieure in soziologischer Hinsicht zeigen folgendes Bild:

| Beruf | % Großväter | % Väter |
|---|---|---|
| Selbständig | 32,15 | 22,9 |
| Arbeiter | 21,7 | 16,6 |
| Landwirt | 17,6 | 5,3 |
| Beamter | 13,8 | 18,8 |
| Angestellter | 6,95 | 26,8 |
| Lehrkräfte | 3,8 | 6,1 |
| Militär | 1,25 | 2,5 |

In sozialer Hinsicht können die materiellen Ausgangsverhältnisse der Ingenieure bezüglich ihrer Herkunft eine Orientierung von besonderem Interesse vermitteln. Die Einschätzung ihrer materiellen Ausgangsverhältnisse spiegelt in Erhebungen folgende Situation wider:

| Lebensstandard | % Großeltern | % Eltern |
|---|---|---|
| arm | 10,4 | 4,7 |
| bescheiden | 42,1 | 46,1 |
| einigermaßen wohlhabend | 26,7 | 35,1 |
| wohlhabend | 12,0 | 9,2 |
| sehr wohlhabend | 3,1 | 1,5 |

In der Vorfahrenschaft der technischen Intelligenz der Bundesrepublik waren die kapitalbesitzenden Kreise nur spärlich vertreten. Der Lebensstandard wohlhabend und höher trifft nur für 10 Prozent der Eltern und 15 Prozent der Großeltern zu, während mehrheitlich die Vorfahren über bescheidenen bis einigermaßen wohlhabenden Lebensstandard verfügten.

## Berufsständische Situation des Ingenieurberufes

In der Berufsvertretung der sog. höheren Dienstleistungsberufe als geistige Kulturberufe hat sich in Deutschland bereits aus den Anfängen dieses Jahrhunderts das duale System der Berufsvertretung durch freie Verbände einerseits und öffentlich rechtliche Körperschaften als Kammern andererseits entwickelt. Dieses System der Berufsvertretung hat sich in allen Bereichen der Wirtschaft und Verwaltung, Kultur und Politik bewährt und als zukunftsweisend herausgestellt.

Die Ingenieure haben neben den klassischen Kulturberufen der Ärzte, Juristen, Apotheker u. a. sehr spät den Eingang in das duale System der Berufsvertretung gefunden. Erst in jüngster Zeit sind Ingenieurkammern als öffentlich-rechtliche Körperschaften in den alten und neuen Bundesländern errichtet worden.

Die Ingenieurverbände haben im Gegensatz zu den Ingenieurkammern eine lange Tradition. Der Verein Deutscher Ingenieure VDI mit 140 000 Mitgliedern geht auf das Jahr 1856 zurück; der Deutsche Architekten- und Ingenieurverein DAI wurde bereits 1871 gegründet. Die erste Ingenieurkammer dagegen entstand erst 1975 im Saarland; die jüngste Ingenieurkammer 1995 in Bremen.

Die Ingenieurverbände können nach ihren überwiegenden Aufgabenbereichen unterschieden werden in technisch-wissenschaftliche und in berufsständische Vereinigungen. Im technisch-wissenschaftlichen Zielbereich überwiegen technische Bildung, Forschung, Technikentwicklung, Ingenieurkunst (z. B. VDI, VSVI, DAI usw.). Bei den berufsständischen Zielsetzungen herrschen insbesondere die Berufsausübung und Berufsvertretung vor (z. B. VBI, BDB, BWK, VDV usw.). Der Organisationsgrad der Ingenieure in den Verbänden beträgt nur etwa 30 Prozent.

Die Ingenieurkammern sind Körperschaften öffentlichen Rechts mit Behördencharakter, die sich auf Ländergesetze gründen und der Staatsaufsicht unterliegen. Sie haben die Interessen aller Ingenieure, nicht nur der Mitglieder, zu vertreten und den Schutz der Berufsbezeichnungen Ingenieur sowie auch Beratender Ingenieur als Freiberufler wahrzunehmen. Zu den gesetzlichen Aufgabenbereichen der Kammern gehören Aus-, Fort- und Weiterbildung der Ingenieure, Beratung von Behörden und Gerichten, Berufsgerichtsbarkeit, Sachverständigenwesen und Wettbewerbswesen.

## Der Ingenieurberuf in der Europäischen Union

Das soziologische und berufsständische Bild des Ingenieurwesens in den Ländern der Europäischen Gemeinschaft zeigt infolge historischer Entwicklungsunterschiede starke Heterogenität. Die EG-Richtlinien haben zwar eine Homogenität der Berufsbezeichnung Ingenieur bewirkt, Berufsbild und Berufsausübung sind aber noch immer erheblich unterschiedlicher geprägt als in vergleichbaren höheren Dienstleistungsberufen.

Diese Situation ist bezeichnend für den Entwicklungszustand des beruflichen Selbstverständnisses der Ingenieure und ihr Verhältnis zur Technikgeschichte und Ingenieurkunst bis hin zur Technikethik und Technikphilosopie.

Die wachsende Erkenntnis der im Atom- und Weltraum-Zeitalter multiplizierten technischen Macht über Mensch und Umwelt weckt allerdings in unserer jungen Ingenieur-Generation deutlich das Bewußtsein für ihr globales und planetarisches Umfeld und seine Zukunftsentwicklungen.

Das europäische Ingenieurwesen hat immerhin wichtige technische wie auch wirtschaftliche Grundlagen der Europäischen Gemeinschaft durch Regeln und Maßnahmen geschaffen oder beeinflußt. Für die Ingenieure sind die EG-Richtlinien in den Bereichen des öffentlichen Auftragswesens, der technischen Vorschriften und der Freizügigkeit der Berufsausübung von besonderer Bedeutung. Diese Richtlinien befinden sich bereits weitgehend in der Umsetzung in nationales Recht.

Die Diplomrichtlinie regelt die Anerkennung der deutschen Ingenieur-Diplome auch für die deutschen Fachhochschulen zufriedenstellend. Die Umsetzung dieser Richtlinie in deutsches Recht ist bereits in allen Bundesländern vollzogen. Der Bereich der technischen Vorschriften ist unter maßgebender Mitwirkung deutscher Ingenieure entwickelt worden. Hier sind die vorbildlichen Eurocodes entstanden, die jeder europäische Ingenieur kennt.

Die erhebliche soziale und ökonomische Position des Ingenieurberufes in der EG wird insbesondere in gesellschaftspolitischer Hinsicht potenziert durch die katalysatorischen und innovatorischen – allerdings nicht meßbaren – Bedeutungen der geistigen Leistung des Ingenieurs und seiner Verantwortungskompetenz für Mensch und Umwelt.

Die EG-Kommission hat diese Besonderheiten des Ingenieurberufes nicht erkannt und entsprechend bewertet. Nach ihrem Denkansatz sind Ingenieurleistungen lediglich ein geringer Teil eines weitgefaßten Dienstleistungsspektrums. Im Grundsatz verschiedenartige Dienstleistungen wie Marketing, Software-Entwicklung, Unternehmensberatung, Übersetzungen, Arbeitsvermittlung, Leasing, Rechtsberatung sollen zusammen mit Ingenieurleistungen in einheitlichen Verfahrensregelungen, wie beispielsweise Qualitätssicherung und Zertifizierung, „harmonisiert" werden. Ein solches Konzept führt zur Nivellierung des Ingenieurberufes auf einen seiner Bedeutung nicht angemessenen Nenner. Hier besteht ein erheblicher Handlungsauftrag für Verbände und Kammern der deutschen Ingenieure.

## Anforderungen der Ingenieurausbildung

Die Ingenieurausbildung wird sich orientieren müssen an dem erkennbaren globalen Szenario zwischen unvergleichlicher Evolution oder unabweisbarem Untergang der menschlichen Spezies.

Die Zukunftsbewältigung unseres immer enger und geringer erscheinenden Planeten im Focus der Kraftfelder von Bevölkerungsexplosion und Geburtenkontrolle, Hungersnot und Überfluß, Erde und Weltraum ist rückgekoppelt an das technische Ingenium. Das Ingenium – das Schaffen der Ingenieure – sichert die Grundvoraussetzungen unserer mit der Technik untrennbar verbundenen Existenz.

Im Umfeld der EU haben Wirtschaft und Politik aus den globalen technischen Anforderungen die Notwendigkeit zukunftsweisender Ingenieurausbildung erkannt. Das Ingenieurstudium ist Gegenstand der politischen Diskussion. Studiendauer, Studieninhalte, Universitätsstudium, Fachhochschulstudium, Praxisbezug und Studienvoraussetzungen sind Diskussionsgegenstände nicht nur vor dem Hintergrund leerer öffentlicher Kassen.

Vor dem kritischen Hintergrund der bildungspolitischen Diskussion und den hohen Technikanforderungen ist aus der Sicht der Ingenieurpraxis den Hochschulen mit voller Anerkennung zu attestieren, daß sie die technisch-wirtschaftlichen wie auch die sozio-ökonomischen und ökologischen Erwartungen unserer Gesellschaft in Europa durchaus erfüllt haben.

Wenngleich Dauer und Kosten des Ingenieurstudiums zur Diskussion stehen, kann das deutsche wie das europäische Ingenieurwesen für sich in Anspruch nehmen, die Zahl der Studierenden und der Absolventen auf die tatsächlichen Erfordernisse begrenzt zu haben und mit seinen Leistungen den Anforderungen der sozialen Marktwirtschaft und unserer freiheitlichen demokratischen Gesellschaft gerecht geworden zu sein.

In der bildungspolitischen Diskussion hinsichtlich Finanzierung von Lehre und Forschung muß angesichts des globalen wie auch des europäischen Szenarios und der festzustellenden Überausbildung in anderen Studienbereichen die Frage erlaubt sein, ob nicht eine Akzentverschiebung zu den Ingenieurwissenschaften und Naturwissenschaften im Sinne der aktiven Sicherung von Mensch und Natur geboten ist.

Die mangelnde Technikorientierung der Studierenden beweist der Rückgang des Studieninteresses für die Ingenieurwissenschaften. Der Anteil der Ingenieur-Absolventen an der Gesamtheit der Studienabgänger in Deutschland ist in den letzten 25 Jahren von 21 auf 12 Prozent zurückgegangen. Jenseits der Schwelle 2000 wird ein Defizit von 50 000 Ingenieuren prognostiziert.

Der Ingenieurberuf beansprucht den Menschen überdurchschnittlich im psychischen Bereich durch erhöhte Verantwortung für Schutz und Sicherheit von Leben, Umwelt und Sachgütern, im intellektuellen Bereich durch Umfang und Geschwindigkeit des Lernens. Das aktive Ingenieurleben hat etwa 50 Prozent Lernzeit zur Voraussetzung, wobei das Lernpotential durch abnehmende Halbwertzeit des technischen Wissens von derzeit etwa sieben Jahren zusätzlich belastet ist.

Die jüngste technische Entwicklung kann in ihrer Dynamik gekennzeichnet werden durch die nicht auszuschließende Möglichkeit, daß der Stand der Technik von heute der Kunstfehler von morgen sein kann. Die potenzierte Technikentwicklung wird auch deutlich mit der Feststellung, daß die Zahl aller heute Technik ausübender Ingenieurinnen und Ingenieure die Gesamtzahl derer, die in allen Zeiten vor ihnen tätig waren, übertrifft.

Im Studium muß das Selbstverständnis des Ingenieurberufes als Grundlage der Interaktion im beruflichen Umfeld und in fachübergreifenden Berufsbeziehungen bereits leitbildhaft herausgebildet werden. Das Ziel modernen Ingenieurstudiums muß vorrangig die Berufsfähigkeit sein, nicht aber die Vermittlung des für ein Ingenieurleben ausreichenden technischen Wissens.

Die Hochschulen sollten bei siebenjähriger Halbwertzeit des technischen Fachwissens auf die Vermittlung des notwendigen und hinreichenden Grundwissens abheben, das dem sog. Halbwertzerfall nicht unterliegt. Dieses Grundwissen ist die Essenz allen Ingeniums und vermittelt dem Ingenieur alle Möglichkeiten, technologischen und ingenieurwissenschaftlichen Entwicklungen zu folgen und diese voranzubringen. Ein solches Grundwissen ermöglicht dem Ingenieur auch die zunehmend erforderliche Fortbildung, welche nicht von den Hochschulen allein geleistet werden kann und Akademien sowie berufsständischen Organisationen übertragen werden kann.

Vermittlung von Grundwissen sowie interdisziplinärer und integrativer Arbeitsfähigkeit unter Beschränkung auf exemplarische Wissensvertiefung braucht nicht einherzugehen mit Qualitätsverlusten. Die hochentwickelte Computerunterstützung der Ingenieurarbeit mit ihren erheblichen methodischen Möglichkeiten kann auch didaktisch genutzt werden.

Die Informatik hat im übrigen dem Ingenieur in Praxis wie auch in Lehre und Forschung Möglichkeiten eröffnet, welche die notwendigen Veränderungen der Lehrinhalte nachhaltig stützen und Raum schaffen können zur Konzentration auf die Wissensgrundlagen und interdisziplinäre Öffnung auf das Umfeld. Die Konzentration auf das Wesentliche und die Vertiefung im Exemplarischen fördert Qualität und Gründlichkeit. Die Straffung der Studieninhalte auf Grundlagenwissen und potentiell exemplarische Praxisbezüge verbessern die Berufsfähigkeit des Ingenieurs.

Die Wissensgrundlage der alten Ingenieure waren die sieben Freien Künste, das Trivium – Grammatik, Rhetorik, Logik – und das Quadrivium – Arithmetik, Geometrie, Astronomie und Musik. Vitruv sah in der Dreiheit Firmitas, Utilitas und Venustas die Voraussetzungen für die Erfüllung von Bauingenieurkunst. Der italienische Baumeister Alberti hielt das Ebenmaß aus der Dreiheit von Numerus, Finitio und Colocacio für die Grundlage der Erfüllung ingenieurmäßiger Baugesetze. Le Corbusier spricht in der Moderne von der Ingenieur-Ästhetik, die Harmonie errichtet.

Die Ingenieure müssen sich an der Schwelle zum dritten Jahrtausend unserer Zeitrechnung auf diese Grundlagen besinnen, sie fortentwickeln und auf die Kulturstufe des neuen Zeitalters erheben als Grundlage moderner Ingenieurkunst.

Ingenieurkunst gründet sich auf Können, und Können gründet sich auf Lernen. Beides setzt Regeln der Kunst voraus, welche der Ingenieur der Natur ablauscht und in mathematisch formulierte Gesetze faßt. Die Ingenieurkunst besteht in der Beherrschung und Fortentwicklung dieser Regeln und ihrer schöpferischen Umsetzung zu dem, was wir Technikkultur nennen.

Alle menschliche Kultur geht in ihren Ursprüngen auf die Technik zurück. Die Geschichte der menschlichen Kultur und Zivilisation ist immer auch Geschichte der Technik. Kultur manifestiert sich nicht nur in den elementaren Künsten wie Malerei, Plastik und Musik. Auch die Ingenieurkunst ist Spiegel des Kulturzustandes einer Gesellschaft. Technikkultur drückt sich aus in der gestalteten Umwelt und in dem damit erreichten Harmoniezustand von Mensch und Natur in dieser Umwelt.

Die zukünftige Ingenieurausbildung wird für Hochschullehrer und Studierende hohe Ansprüche stellen, deren Erfüllung vom überzeugten Selbstverständnis des Ingenieurs mit Freude am Beruf und Verantwortungsfähigkeit für Mensch und Natur belohnt wird.

## Berufsperspektiven der Bauingenieure

Die Anforderungen von Wirtschaft, Verwaltung und Hochschulen hinsichtlich der Anzahl der Ingenieure und der Qualität der Ausbildung sind beträchtlich. Die Länder der Europäischen Gemeinschaft bilden jährlich etwa 105 000 Ingenieure aus. Es wird ein Gesamtbedarf an Ingenieurnachwuchs von 150 000 Ingenieuren prognostiziert, so daß derzeitig bereits in Europa ein künftiger Mangel von etwa 45 000 Ingenieuren abzusehen ist.

In Deutschland wird etwa ein Drittel der europäischen Ingenieure ausgebildet, wobei das Verhältnis von Angebot und Nachfrage nahezu ausgeglichen ist. In den romanischen Ländern herrscht ein Mangel an Ingenieurnachwuchs vor, während in den nordischen Ländern teilweise ein Überangebot zu verzeichnen ist. Die in Deutschland insbesondere im Maschinenbau statistisch ausgewiesene Arbeitslosigkeit von Ingenieuren liegt mit etwa 3 Prozent der Ingenieure weit unter der allgemeinen Arbeitslosenquote. Die Ingenieurdichte in Deutschland mit 6 Ingenieuren auf 1 000 Erwerbspersonen überschreitet zwar den EU-Durchschnitt von 4,2, unterschreitet aber erheblich den Durchschnitt der USA von 7,6 und Japan von 9,1 als Referenzländer technisch-wirtschaflicher Entwicklung.

Vor diesem Hintergrund ist das nachlassende Studieninteresse für die Ingenieurwissenschaften bemerkenswert. Der Anteil der Ingenieur-Absolventen an den insgesamt 1,8 Millionen Studierenden in Deutschland ist seit 25 Jahren von 21 Prozent im Jahre 1965 auf 12 Prozent im Jahre 1990 zurückgegangen. Der Rückgang der Anfängerzahlen in den Ingenieurwissenschaften zwischen 1990 und 1994 betrug 64 Prozent und ist noch anhaltend. Nach dieser Datenlage ist ein künftiger Mangel an Ingenieuren bereits absehbar. Qualifizierte Ingenieure haben in Deutschland wie in Europa entsprechende Berufsperspektiven.

## Ingenieurberuf 2000

Der Ingenieurberuf auf dem Weg in das Jahr 2000 kann nicht nur ausgerichtet sein auf die unmittelbaren technischen und wirtschaftlichen Anforderungen in der Berufspraxis.

Die gesellschaftlichen Positionen der Ingenieurinnen und Ingenieure erfordern die Wahrnehmung und Vertretung von Unternehmenskultur und Technikethik. Auch in der Marktwirtschaft setzt sich zunehmend die Erkenntnis durch, daß Ethik und Moral ein Gemeingut sind, dessen Abschreibungsraten niedrig gehalten werden müssen. Unternehmenskultur hat nicht nur marktwirtschaftliche Funktion, sondern auch gesellschaftstragende Bedeutung. Sie muß nachhaltig von Ingenieurkultur und Technikethik gestützt werden.

Das alte sozio-ökonomische anthroprozentrische Paradigma der postindustriellen Gesellschaft mit den klassischen Maßstäben von Wirtschaftswachstum und technischem Fortschritt reicht für die Menschheit des neuen Jahrtausends nicht mehr aus. Seit Hiroshima und Tschernobyl, Rio-Gipfel und Kairo-Konferenz erfahren Technik wie auch Ökonomie einen fundamentalen Wertewandel.

Für die Berufspraxis der Ingenieurinnen und Ingenieure ebenso auch für die Berufswahl junger Menschen reichen die klassischen Regeln des technokratischen Verhaltens wie auch die katalogartige VDI-Richtlinie 3780 als Berufs-Ethos zur Bewältigung der humanen, intellektuellen und seelischen Probleme bei der Praktizierung von Technik in Individualverantwortung nicht aus.

Die Ingenieure sind schon während oder gar vor ihrer Ausbildung auf ihre verantwortliche Rolle weder wissenschaftlich geschult noch moralisch vorbereitet. Technik-Ethik ist noch immer nicht Gegenstand der Lehre an den Technischen Fakultäten, es fehlt ihr sogar Respekt und Anerkennung durch die Administration. Technik-Ethik wird allzu leichtfertig als Feigenblatt-Funktion betrachtet für Verantwortungsdefizite. Ingenieurethik darf nicht schöner Schein und Alibi-Appell werden und zusammen mit Qualitätsmanagement und Zertifizierung als Feigenblatt für Berufsheroik, Unternehmenskultur oder Öko-Postulate dienen.

Es bedarf der Orientierung in ethischen Kategorien, welche die Ingenieure selbstverantwortlich entwickeln und anwenden müssen. Dazu ist Dialog zwischen Technik und Philosophie, Religion, Soziologie, Ökonomie bis hin zur Jurisprudenz notwendig. Nur wenige Ingenieur-Fakultäten lassen sich jedoch ethische Studien angelegen sein.

In ihrer Berufsausübung müssen Ingenieure noch immer bei ihrem Eintreten für ethikrelevante technische Maßnahmen, welche eigennützigen Interessen ihrer Auftraggeber, Arbeitgeber oder Kunden widersprechen, mit Sanktionen, Diskriminierungen oder gar Karrieregefährdung rechnen. Ethisches Verantwortungsengagement kann im Extremfall beruflichem Selbstmord gleichkommen, wenn Ökonomie vor Ethik geht.

Es fehlen noch immer ethische Berufsverpflichtungen über klassische Standesregeln hinaus in Verbindung mit notwendigen und hinreichenden rechtlichen Absicherungen. Zugleich muß durch geeignete Institutionen, wie Ethik-Kommissionen oder Berufsgerichte die Einhaltung der ethischen Berufspflichten einerseits überwacht und andererseits der Rechtsschutz der Berufsträger in Konfliktfällen abgesichert werden.

## Technisches Szenario des Blauen Planeten

Der Friedensnobelpreis 1995 wurde verliehen an Joseph Rotblat und die in 1955 von Russell und Einstein begründete Pugwash-Konferenz für ihre Arbeit zur Abschaffung von Atomwaffen. Damit wird die Bedeutung von Technik-Ethik für Ingenieure und Naturwissenschaftler global und exponiert deutlich. Zugleich kennzeichnet diese Preisverleihung die zukunftsentscheidende Wirkung der Technik für diesen Blauen Planeten Gaia und seine Galaxie.

Evolution ist irreversibel, das Schicksalsrad unseres Planeten läuft unaufhaltsam. Die Ambivalenz der Technik kann Untergang oder Aufstieg bedeuten, nur sie ist der Schlüssel für beides. Die Technik bedarf keiner Legitimation.

Die Menschen unserer technisierten Welt fühlen und erkennen, daß nur ein Paradigmenwechsel ihres Bewußtseins die Schlüsselgewalt der Technik lenken und zum Aufstieg der Menschheit führen kann. Die Bewußtseinsausrichtung vom Haben zum Sein (Fromm), vom Prinzip Hoffnung (Bloch) zum Prinzip Verantwortung (Jonas) hat eine Wandlung des kategorischen Imperativs von der Handlungsverantwortung (Kant) zur Seinsverantwortung (Jonas) bewirkt.

## Globale Szenenrolle der Ingenieure

Die technische Macht des Menschen nicht nur zu Selbstzerstörung und genetischer Manipulation seiner eigenen Spezies, sondern auch der übrigen drei Naturreiche – Tierreich, Pflanzenreich, Mineralreich – erfordert von der technischen Intelligenz Verantwortung und Kompetenz zur Treuhänderschaft für Mensch und Natur.

Die technische Intelligenz, die Ingenieure und Naturwissenschaftlicher in Unternehmen, Verwaltung, Forschung und Lehre und in den freien Berufen erkennen aus der zivilisatorischen Entwicklung die Aufgabe, gegen eine mechanistische und vorwiegend quantitative Betrachtung des Lebens eine bessere humane Rationalisierung zu bewirken, aus technisch Machbarem das gesellschaftlich Wünschbare auszuwählen, nicht das Maximum, sondern das Optimum anzustreben und die Beziehung von Mensch zu Mensch und auch von Mensch zur Natur zu harmonisieren. Diese Aufgabe kann keine andere der gesellschaftlichen Führungsschichten vergleichbar erfüllen, weil Technik grundlegende Voraussetzung dazu ist.

Die zukünftige Bedeutung der Ingenieure für die Gesellschaft und ihre Individuen kann nur vor dem Hintergrund moderner Technikphilosophie und Ingenieurethik als moralische Wächterdisziplinen dieses Berufes beschrieben und verstanden werden.

Im politischen wie gesellschaftlichen Kontext und in seinem beruflichen Selbstverständnis ist der Ingenieurberuf ein geistig-schöpferischer Kulturberuf von hoher Zukunftsbedeutung.

Der Ingenieur als Schöpfer der Technik muß sich in diesem Kräftespiel seiner Treuhänderschaft für Mensch und Natur bewußt werden und kann seine Verantwortung für die Technik nicht der Gesellschaft überlassen. Bedeutung und Würde des Ingenieurberufes werden gemessen an der Verantwortungshaltung der Ingenieure zur Technik.

Die jüngste technische Entwicklung kann in ihrer Dynamik gekennzeichnet werden durch die nicht auszuschließende Möglichkeit, daß der Stand der Technik von heute der Kunstfehler von morgen sein kann. Die potenzierte Technikentwicklung wird auch deutlich mit der Feststellung, daß die Zahl aller heute Technik ausübenden Ingenieurinnen und Ingenieure die Gesamtzahl derer, die in aller Zeit vor ihnen tätig waren, übertrifft.

## Ingenieure zwischen Ethik und Berufspraxis

Ingenieurinnen und Ingenieure sind längst nicht mehr Technokraten des artifiziell Machbaren. Sie begreifen sich als mündige Bürger und Träger der technischen Intelligenz in umfassender Verantwortung für ihr berufliches Handeln und dessen Wirkung.

Grundlage der Technik-Ethik sind moralische Werte und Normen in Konsens mit individuellen und gesellschaftlichen Postulaten von globalem und zukunftsgerichtetem Bezug.

Das traditionelle Standesethos als zunftinterner Normenkodex technokratischen Verhaltens reicht dazu nicht mehr aus. Das apokalyptische Potential der Technik als künftige Globalkonstellation ist ein ethisches Novum. Die Technikverantwortung wächst proportional mit ihrer Macht.

In einem Projekt des BMFT hat Hans Lenk[1] 280 Kodizes von Ingenieur- oder Naturwissenschaftlervereinigungen gesammelt und untersucht. Schon 1893 hatte die amerikanische Gesellschaft für Bauingenieure einen Kodex entwickelt, dem bereits vor dem Ersten Weltkrieg zahlreiche Kodizes in USA wie Europa für

[1] H. Lenk, „Ethikkodizes für Ingenieure", in ders./G. Ropohl, Technik und Ethik, Stuttgart 1993, 194–221.

verschiedene Fachbereiche (Chemie, Elektrotechnik, Maschinenbau) folgten. Der Schwerpunkt der Kodizes lag überwiegend bei den Ingenieuren.

Die Analyse ergab als Inhalt ethische Pflichten des einzelnen Ingenieurs in bezug auf andere Betroffene, zunftinterne Normen, Verhaltensregeln gegenüber Berufskollegen, Rollenpflichten gegenüber Arbeitgebern und Partnern, Sicherheit und Wohlfahrt der Gesellschaft. Diese Kodizes haben Funktion einer Normensammlung für das Standesethos, weniger für eine Universalmoral. Sie sind standespolitischer Art. Ihnen fehlt die Verankerung in institutionellen Kontroll- und Sanktionsmöglichkeiten oder gar eine Verrechtlichung.

Die Mitgliedschaft in den Berufsvereinigungen und damit die Verpflichtung auf den Kodex war als Voraussetzung der Berufsausübung nicht auf alle Berufsträger ausgedehnt. In begrenztem Umfange sind Ethikkomitees eingeführt worden.

Der heute größte Ingenieurverband Verein Deutscher Ingenieure VDI mit 120 000 Mitgliedern hat 1950 das Bekenntnis des Ingenieurs als Empfehlung eingeführt, welches bereits weitergehende moralische Aussagen enthält, aber keinen verbindlichen Charakter hat.

Insgesamt umfassen diese Berufs-Kodizes Standesregeln und Verhaltensregeln, mit denen sie das jeweilige Berufsethos für den einzelnen Ingenieur als eine Art Individualethik ausdrücken.

Die Erfordernisse kollektiver Verantwortung von Entscheidungsgremien bis hin zur Technikbewertung und Technikfolgenabschätzung, wie sie sich heute für Technologien und Großprojekte stellen, werden durch diese Kodizes nicht hinreichend abgedeckt.

In der Bundesrepublik hat hier der Verein Deutscher Ingenieure VDI mit seiner Richtlinie 3780 zur Technikbewertung richtungsweisende Entwicklung geleistet. Diese Richtlinie enthält Hinweise für technische Wertsysteme, Werte technischen Handelns und Methoden der Technikbewertung sowie Vorschläge zur Institutionalisierung konzertierter Technikbewertung bis hin zu Ethik-Kommissionen und Technik-Gerichten.

Der Deutsche Bundestag hat dem parlamentarischen Forschungsausschuß ein Büro für Technikfolgenabschätzung angegliedert und beabsichtigt die Einrichtung einer Bundes-Ethik-Kommission, welche die Politiker durch Empfehlungen beraten soll. Zu den Aufgabenfeldern der Ethik-Kommission gehören Medizintechnik und Humangenetik, Grund- und Menschenrechte sowie Ökologie, Erdatmosphäre, Energie und Computertechnologie. Grundsätze der Technik-Ethik gehören offenbar nicht zu den Aufgaben dieser Kommission.

Der Friedensnobelpreisträger Rotblat hat bereits auf dem Turiner Pugwash-Symposium 1991 Vorschläge zu entsprechender Erweiterung der UN-Charta vorgetragen. Eine Grundgesetzänderung wäre ebenso vorstellbar.

Als Grundlage der Wahrnehmung und Durchsetzung von Ingenieur-Verantwortung ist es erforderlich, die Berufsträger während ihrer Ausbildung auf die Ausfüllung ihrer Berufsstellung und die damit verbundenen Berufsrechte und Berufspflichten vorzubereiten und ein Berufsbewußtsein zu prägen. Wie Lenk[2] in seiner Studie feststellt, finden derartige Studienveranstaltungen in nur geringem Umfang statt. Nur wenige Ingenieur-Fakultäten lassen sich ethische Studien angelegen sein.

## Grundlagen ethischer Ingenieur-Verantworung

Die individuelle Verantwortungswahrnehmung des Ingenieurs muß im Sinne einer Universalmoral stehen und die traditionellen Standesregeln zu verantwortungsethischen Maximen führen, welche die potenzierte technische Macht des Menschen im erkennbaren Evolutionszustand unseres Planeten nicht zerstörend, sondern bewahrend leiten und lenken. Es ist dabei eine in weitgehendem wissenschaftlichem wie auch religiösem Konsens notwendige Voraussetzung, das anthropozentrische Monopol traditioneller ethischer Systeme zu durchbrechen und den monopolistischen Machtanspruch auf das Leben in der den Menschen umgebenden Natur aufzugeben.

Zu dieser Durchbrechung der Anthropozentrik bemerkte Hans Jonas im Sinne des von ihm entwickelten „Prinzips Verantwortung“:

„Immer war es das *menschliche* Gut, das gefördert werden sollte. (...) Gegenstand menschlicher Pflicht waren Menschen, äußerstenfalls: die Menschheit, und sonst nichts auf dieser Erde. (...) Aber jetzt beansprucht die gesamte Biosphäre des Planeten (...) in ihrer neu enthüllten Verletzlichkeit gegenüber den exzessiven Eingriffen des Menschen ihren Anteil an der Achtung, die allem gebührt, das seinen Zweck in sich selbst trägt – das heißt allem Lebendigen.“[3]

Die ethischen Maximen der Ingenieur-Verantwortung müssen sich gründen auf den kategorischen Imperativ der Seins-Verantwortung und ein biozentrisches Weltbild vom ganzheitlichen Bios, in dem der Natur Eigenwert und Eigenrecht zuerkannt werden.

Die Apokalyse dieses Blauen Planeten kann nur abgewendet werden, wenn die planetarische potenzierte Macht der Technik durch ein Verantwortungsbewußtsein der Menschen gelenkt wird, das ein biozentrisches Paradigma der Einheit von Mensch und Natur trägt.

[2] Ebd. 205 ff.

[3] H. Jonas, „Warum die Technik ein Gegenstand für die Ethik ist: Fünf Gründe“, in ebd., 81–91, hier 85.

Die VDI-Richtlinie 3780 zur Technikbewertung führt dazu folgendes aus:

„Menschliches Leben ist auf Technik angewiesen, und jede Art von Technik greift in Naturgegebenheiten ein. In der Vergangenheit hat der Mensch Technik auch deshalb entwickelt, um sich vor Gefährdungen durch die unbelebte und belebte Natur zu schützen. Mit der Technikentwicklung haben sich diese Gefährdungen vermindert, während die menschlichen Eingriffe in die Natur zugenommen haben. (...) Heute ist daher die Natur weit mehr durch den Menschen gefährdet als der Mensch durch die Natur."

Das anthropozentrische und das biozentrische – hier physiozentrische – Paradigma wird in den Richtlinien wie folgt definiert:

„Für den einen (anthropozentrischen) Standpunkt ist die Natur letztlich Mittel zum Zweck für den Menschen: Nur das Eigeninteresse des Menschen sei maßgebend dafür, in welchem Umfang Natur verändert oder bewahrt wird.

Für den anderen (physiozentrischen) Standpunkt ist die Natur Selbstzweck und besitzt einen Eigenwert: Daher müsse ihr prinzipiell ein Eigenrecht zuerkannt werden, das dem Bearbeitungsrecht des Menschen gleichrangig, wenn nicht gar übergeordnet ist."[4]

Dieser Paradigmenwechsel kann und darf sich nicht nur intellektuell vollziehen, er muß und wird ebenso metaphysische Bereiche menschlicher Existenz erfassen. Hier sind die Möglichkeiten eines mutmaßlichen Geniesprunges der Menschheit zur Abwendung der Apokalypse verborgen.

Solche Grundsätze einer universalen Technik-Ethik finden, wie die umfangreiche Literatur belegt, in Forschung und Lehre ebenso wie in der Praxis der Ingenieurkunst bei den Ingenieurinnen und Ingenieuren aller Nationen und Kulturen globale weitreichende Zustimmung.

## Der Ingenieureid

Die berufspraktische Umsetzung der Grundlagen ethischer Ingenieur-Verantwortung darf die Standesregeln einerseits nicht vernachlässigen, muß aber andererseits neue paradigmatische Anforderungen erfüllen. Ingenieur-Verantwortung kann sich damit nicht in berufsständischem Wohlverhalten erschöpfen, sie muß sich vorrangig und engagiert der Bewahrung des Eigenwertes und des Eigenrechtes von Mensch und Natur als Gesamt-Biosphäre dieses Planeten zuwenden.

Unter diesem Postulat sind Berufspflichten des Ingenieurberufes zu entwickeln, denen die Berufsträger durch Gelöbnis oder an Eides Statt verpflichtet

[4] VDI-Ausschuß Grundlagen der Technikbewertung, Richtlinie VDI 3780. Technikbewertung: Begriffe und Grundlagen (1991), in : ebd., 334–363, hier 355.

sind und zugleich Organe zu schaffen, welche die Ingenieur-Verantwortung institutionalisieren. Dafür kommen Ethik-Kommissionen und Technik-Gerichte sowie Berufsgerichte in Betracht. Diese Institutionen müssen die Einhaltung der Berufspflichten überwachen und die Berufsträger vor Nachteilen, die durch Einhaltung der Berufspflichten entstehen können, schützen. Eine derartige Institutionalisierung ist insgesamt rechtlich abzusichern.

Der hippokratische Eid der Ärzte und seine traditionsreiche Umsetzung dieser Art kann dazu ein richtungweisendes Leitbild liefern. Der klassische hippokratische Eid geht zurück auf die Schriften des Corpus Hippokratikum aus der Schule des Hippokrates von Kos aus der Mitte des 5. vorchristlichen Jahrhunderts. Dieser Eid hat durch die Jahrhunderte als Inbegriff höchster ärztlicher Ethik fortgewirkt. Er ist Grundlage des vom Weltärztebund 1948 formulierten „Genfer Gelöbnis“[5], dem sich heute die Ärzte unterwerfen

Zusammen mit dem hippokratischen Berufseid haben die Ärzte durch ihre Berufsorganisationen Institutionen geschaffen, welche über die ärztliche Ethik wachen und damit die Bedingungen und Voraussetzungen eines Berufseides für den gesamten Berufsstand erfüllt und über viele Berufsgenerationen tradiert.

Der hippokratische Eid zeichnet sich insbesondere dadurch aus, daß er nicht nur Standesregel ist im Sinne der bisherigen Berufs-Kodizes der Ingenieure. Dieser Eid verlangt bereits, die Berufsausübung nicht in Widerspruch zu den Geboten der Menschlichkeit anzuwenden. Im übrigen ist der Eid auch rechtlich abgesichert und steht unter dem Schutz der ärztlichen Berufsgerichtsbarkeit.

Die ärztliche Kunst erstreckt sich allerdings wesentlich und ausschließlich auf Menschen, während die Ingenieurkunst dem gesamten Bios – Mensch, Tier, Pflanze und Erde, Wasser Luft – gilt. Das Grundprinzip des hippokratischen Eides als Gewissens-Eid, nämlich die Unabhängigkeit der unmittelbaren Berufsausübung in ihrer ethischen Individualverantwortung von Weisungen Dritter ist ebenso auf den Ingenieur-Eid übertragbar.

Der Ingenieur-Beruf ist von solcher Institutionalisierung eidlicher Berufsverpflichtung noch weit entfernt. Von den 900 000 deutschen Ingenieuren sind nur etwa 30 Prozent in Berufsverbänden organisiert. Viele Berufsträger kennen nicht einmal die Bemühungen ihres Berufsstandes um Ingenieur-Ethik.

Die Berufsausbildung der Ingenieure in ihrer derzeitigen Konzeption als wichtige Voraussetzung der Berufsausübung und Berufshaltung war bisher nicht in der Lage, den Studierenden die gebotenen Berufskenntnisse und Grundlagen dafür zu vermitteln. Auch die berufliche Fortbildung der Ingenieure ist kaum mit diesen elementaren Grundlagen des Berufes befaßt. Von den Arbeitgebern in Staat und



[5] Vgl. Karl Deichgräber, Der hippokratische Eid. Interpretation, Nachleben, Stuttgart 1983.

Wirtschaft ist die Vermittlung derartiger Berufsgrundlagen nicht zu erwarten und auch nicht zu erbringen – hier handelt es sich insgesamt um eine Grundaufgabe der Ingenieure selbst.

Erste Anfänge der beruflichen Selbstverwaltung und damit der Institutionalisierung der Berufsausübung der Ingenieure auf Rechtsgrundlage haben sich mit der Gründung der Ingenieurkammern in durchgängig allen Bundesländern maßgeblich im letzten Jahrzehnt entwickelt. Diese Ingenieurkammern als Körperschaften Öffentlichen Rechtes unter staatlicher Aufsicht, regeln für ihre Mitglieder die Berufsausübung durch Berufsordnung und überwachen sie durch Berufsgerichte.

Die Ingenieurkammern der Länder planen bereits, ihre Berufsordnung fortzuentwickeln und werden für ihre Mitglieder einen Berufseid nach den Prinzipien des hippokratischen Eides einführen. Die Bundes-Ingenieurkammer als Dachorganisation der Länderkammern berät in Zusammenwirken mit den Ländern die dafür zu schaffenden notwendigen Voraussetzungen und wird damit an die Öffentlichkeit treten. Auf diese Weise könnten ethische Grundsätze der Berufsausübung schrittweise verwirklicht und im Konsens mit Ingenieurverbänden und Hochschulen reformatorische Ziele für den Ingenieurberuf gesetzt werden.

Ingenieurethik darf nicht schöner Schein und Alibi-Appell bleiben und als Feigenblatt für Berufs-Heroik, Unternehmenskultur oder Öko-Polit-Postulate dienen.

# Personenregister

Aufgenommen wurden alle Personennamen; die Seitenzahlen in Kursivsatz beziehen sich auf Eigennamen in den Anmerkungen oder in den Literaturlisten.